新原 将義 ［著］

SHINHARA Masayoshi

「脱・心理学」

入門

10代からの文化心理学

北樹出版

はじめに

——私たちを取り囲む心理学——

　この本はタイトルの通り、「心理学」に関する本です。しかし、この本の目的は、みなさんが「知らない」ような心理学の知識を伝えることではありません。私がこの本を通して試みたいのは、私も含め、みなさんが心理学について「知りすぎている」のだ、と気づいてもらうということです。

　私たちが心理学について「知りすぎている」とは、一体どういうことでしょうか？　詳しく解説していきます。

　私たちの生活のなかには、心理学の言葉があふれています。例えば学校では「学び」や「理解」を求められ、授業は足し算から四則演算、九九、鶴亀算と、徐々に難しくなっていく「発達段階」に合わせたカリキュラムで成り立っています。就職活動では、会社は私たちがどのような「認知的」な「スキル」をもっているのか、仕事にどのような「モチベーション」をもっているのかを問います。このように私たちの生活は、心理学の言葉なしではもはや成り立ちません。

　もう1つ、例を出します。現代の社会では、「自己責任」という言葉がよく聞かれます。自分の行動に伴うリスクについては各々がきちんと計算をし、その結果については自分で責任を負うべきだ、という考え方ですが、この考え方にはさまざまな暗黙の前提が含まれています。例えば、ある出来事が起きた場合、そこには必ず「原因」と「結果」がペアで存在している、という「因果関係」の枠組み。あるいは、どこまでが誰の責任で、どこからが他の人の責任なのかを線引き可能であるという考え方は、独立した「個人」という概念が基盤になっています。この「因果関係」、そして「個人主義」という考え方は、どちらも心理学を象徴する考え方です。

　このような現状は、私たちの人間理解、つまり「人間とはどういうものなのか」という考え方が、「心理学」という、ある特定の方法を基盤にしていることを意味しています。哲学者のヴィトゲンシュタイン（Wittgenstein, L.）は、次

のように述べています。

　　「あるイメージ（像）の、私たちは囚人だった。そしてそのイメージ（像）か
　　ら抜けだすことができなかった。そのイメージ（像）が私たちの言語のなかに
　　あったからである」（ヴィトゲンシュタイン，2013）

　このことは、言い方を変えると、私たちの人間や世界についての考え方が、
「心理学」という特定の方法に縛られてしまい、他の方法で考えることができ
なくなる危険性があるということを示しています。私たちは生まれた時から
「心理学的」な言葉があふれた世界で育ち、その言葉でしか人間について、あ
るいは生活について語ることができないでいます。「心理学」の言葉で育って
きた私たちは、心理学の「囚人」となり、そこから抜け出せずにいるのです。

■■ 「心理学」は 1 つじゃない：ダンジガーと ilmu djiwa

　しかし、実は人間や世界について考える方法はいくつもあって、「心理学
的」な方法はそのうちのたった 1 つに過ぎないのかもしれません。このことに
ついて、心理学者ダンジガー（Danziger, K.）は、下記のようなエピソードを紹
介しています。

　ダンジガーはドイツに生まれ、その後南アフリカやオーストラリア、カナダ
など、様々な場所を転々とした人なのですが、博士号を取得した後、2 年ほど
インドネシアの大学で心理学を教えていたことがあります。そのころ、ダンジ
ガーがインドネシアで担当していたのは「心理学」（インドネシア語で
Psychologi）という授業だったのですが、ダンジガーはこの大学には、もう 1 つ
心理学の授業があることに気づきます。この 2 つの授業は、名前のうえではと
ても似通っていましたが、その内容はかなり異なったものとなっていました。
ダンジガーの授業が西洋で生まれ発展してきた心理学の内容を扱っていたのに
対し、ilmu djiwa というもう片方の授業は「ヒンズー哲学にジャワ人による解
釈を加えた」（Danziger, 1997 河野訳 2005）内容が扱われていたのです。ダンジ

ガーはこの時、インドネシアの大学には「2つの心理学」、つまり西洋の心理学「Psychologi」と東洋の心理学「ilmu djiwa」という、2つの心理学が存在することに気づいたのです。

　ダンジガーはこのことに気づいた時、この2つの授業のコラボレーションが可能なのではないかと考えました。アプローチは全然違うかもしれないけれど、どちらの授業も「心」について扱っていることには変わりないのだから、「双方のアプローチの長所を合わせれば、この違いを建設的に活かせるかもしれない」(Danziger, 1997 河野訳 2005) と考えたわけです。ダンジガーはすぐに、ilmu djiwa を担当する教員にコラボレーションの約束を取り付け、そのための打ちあわせを始めました。

　しかし打ち合わせを始めてすぐに、この試みはある問題に直面します。「彼の心理学と私の心理学のあいだには事実上、共通のトピックが存在しないことが明らかになった」（同上）のです。例えばダンジガーが「動機づけ(motivation)」について議論しようとしても、「私がまったく当然のこととして『動機づけ』と一括りに群分けした現象は、彼にとっては興味を引く共通点のない異質なものの寄せ集めにすぎなかった」（同上）といったすれ違いが、様々なトピックに関して生じたのです。

　ダンジガーはこの時、「心」と呼ぶべき同じ対象について扱う首尾一貫した学問が、西洋流の心理学だけに留まらないということに気づきました。西洋の心理学と同様、ilmu djiwa も、「体系的な知識としての、かつ厳格に制御された実践としての、二重の意味においてまさに学である」（同上）にもかかわらず、「科学的」であることを重視する西洋の心理学と、異なる価値観に則ったilmu djiwa では、そこに含まれるトピックにさえも共通点は見出せなかったのです。逆にいえば、私たちが当たり前のものと感じている西洋流の心理学は「科学」という枠によって考え方を限定されているのであり、「心」にアプローチする学問は他にもあり得るのだ、ということになります。ダンジガーはインドネシアでの同僚との対話から、「西洋心理学以外の『可能な心理学』」に気づいたのです。

■■ 「当たり前」を見直すために

　しかしこのような、「私たちの考え方が何かに縛られている」そして「それとは別の考え方の枠がどこかにある」という視点には、なかなか気づけるものではありません。例えば私たち人類が万有引力の考え方に至るまでに長い時間を要したように、私たちが「当たり前」だと感じていることを根本的に見直すということには、大変な苦労と、そして「当たり前」を見直し始める何らかのきっかけが必要なのです。

　この本ではその「当たり前」を見直すきっかけとして、私の授業で学生たちから実際に寄せられたいくつかの質問を紹介しようと思っています。みなさんの質問はどれも素朴なものです。しかし素朴であるが故に、ふだん当たり前のこととして見過ごされてしまっている「心理学的」な考え方に気づかせてくれる手がかりにあふれているのです。

　さらに、この本ではみなさんの質問について、「文化心理学」と呼ばれる学問を基盤にしながら解説をしていきます。文化心理学は、あまりにも一般的になり、当たり前になってしまった心理学の固定的な考え方に対して批判的な態度をとってきた学問で、これまで「心理学的」な考え方の偏りを指摘するための重要な役割を担ってきました。この学問を基盤とすることで、私たちの考え方がいかに心理学に縛られているのか、そしてそれとは異なる新たな考え方を始めるためにはどうしたらいいのかを解説するのが、本書の目的です。

　前置きが長くなりましたが、大変お待たせしました。それでは、いよいよ最初の質問に取りかかりましょう。

目　　　次

第 部

記憶力の心理学
—— 心と道具のネットワーク ——

どうしたら記憶力が
上がりますか？

生活のなかの短期記憶

Chapter 1

■■ 「記憶」とはなにか？：記憶の基礎知識

> どうしたら記憶力が上がりますか？

　とても簡潔で、一見分かりやすい質問ですが、大変興味深い質問です。この質問に答えるための準備として、最初に、記憶に関する心理学の基礎知識を簡単に紹介します。

　まず、記憶と一言で言っても、様々な種類の記憶があります。例えば授業で先生が、「教科書の 142 ページを開いてください」と言った時、あなたはその「142」というページ数を、おそらく数分後には忘れてしまっているでしょう。ところが同じ 3 桁の数字でも、自分の身長が何 cm か、あるいは自分の実家の郵便番号の上 3 桁は何かを思い出せないという人は、ほぼいないのではないでしょうか。

　心理学では、このような様々な種類の記憶に、それぞれ別の名前がつけられています。例えば、「教科書の 142 ページ」といったような、いったん覚えても数分後には忘れてしまっているような記憶は、短期記憶と呼ばれています。また、自分の身長や誕生日、自宅の郵便番号といったような、いつでもすぐに思い出せるような記憶には、長期記憶という名前がついています。

　この他にも、様々な名前の記憶があるのですが、それは後々紹介していくことにして、まずは短期記憶から話を始めることにしましょう。突然ですが、ここで 1 つ実験をしてみたいと思います。

■ 実験 1：短期記憶

　この本の次のページに、20 桁の数字を記載しています。みなさんは、この文章を読み終わったら、以下の通りの手続きを実施してみてください。

　①まずページをめくって、その 20 桁の数字を 10 秒間眺めて、できるだけその数字を覚えてみてください。

② 10秒が経過したら、このページに戻ってきて、以下の回答欄に、今覚えた数字を書き出してみてください。

回答

　さあ、それでは回答が終わった人から、答え合わせをしてみましょう。あなたは何桁目まで正解できていましたか？　おそらく、5桁〜9桁ぐらいの人がほとんどなのではないでしょうか？　「〇桁しか正解できなかったー！」と悔しがっている人もいるかもしれませんね。

　この実験は、記憶範囲検査と呼ばれている有名な実験の簡単なバージョンです。この実験では、短期記憶の容量、つまり人が一時的に短期記憶として覚えておくことのできることがらの量が測定されます。ミラー（Miller, G. A.）という心理学者は、この記憶範囲検査を広範囲にわたって実施した結果、成人の場合でも短期記憶の範囲は 7 ± 2 の範囲内に収まるということを明らかにしました。

　人が一度に覚えておくことのできる短期記憶の量は、多くても 10 個に満たない程度である。そう考えると、人間の記憶能力というのは、とても貧弱なもののように思えますよね。

■■ 生活のなかの記憶実践：コーヒー店員の記憶実験

　さて、私たちの記憶力は本当にそんなに貧弱なのでしょうか？　私たちは本当に、たった7個前後のことしか覚えていられないような記憶力だけを武器に、日々を生きているのでしょうか？

　例えば、私はよくとある有名なコーヒーチェーン店でコーヒーを買うのですが、このお店はメニューに自分なりのカスタマイズができることで有名で、私もよく様々なカスタマイズをしてコーヒーを楽しんでいます。「カフェモカの

回答

$$4\ 8\ 2\ 3\ 6\ 9\ 0\ 1\ 6\ 3\ 3\ 8\ 9\ 2\ 0\ 9\ 7\ 4\ 1\ 8$$

図 1-1　記憶範囲実験課題

トールサイズ、ミルクを豆乳に変更してエスプレッソをワンショット追加、チョコレートチップをトッピングしてエクストラホットでお願いします。あ、あとスリーブをください」といった具合です。

　つまりこのお店で働く店員たちには、既存のメニューとお客さんによるカスタマイズの膨大な組み合わせで為されるオーダーを、短期記憶として覚え、間違いのないようにコーヒーを提供することが求められるわけです。一体、7個前後で限界を迎えるような貧弱な記憶容量で、この仕事をどうやってこなすことができるのでしょうか？　このコーヒー店で働く店員たちは、常人とは桁違いの短期記憶の容量をもっているのでしょうか？　もしくは、彼らは何か特別な工夫をしているのでしょうか？

　有元・岡部（2013）は、このことについて明らかにするための、とてもおもしろい実験（森下，2008）を紹介しています。この実験では、コーヒーチェーン店に勤めるアルバイト店員たちに対して、2段階の手続きを行っています（図1-2参照）。1段階目では店員たちに、実験者は10個分のオーダー（カスタマイズが加えられたものも含みます）を伝えた後、「オーダーされたドリンク名を10個、順番どおりに答えてください」と教示しました。その結果、オーダーを正しく答えられたのは、最も多い店員でもたった3つでした。この第1段階の結果から、店員たちが決して並外れた記憶力をもっているわけではないことが分かります。

　この実験の面白いところはここからです。実験の第2段階として、ある教示を行うと、店員たちは全員、10個のオーダーを全く間違えずに答えることができたのです。

オーダー
- アイス　グランデ　ラテ
- ショート　ラテ
- ショート　エキストラホット　ラテ
- トール　アーモンド　ラテ
- トール　アーモンド　ラテ
- トール　ヘーゼルナッツ　ソイ　エキストラホット　ラテ
- アイス　トール　エキストラ　ミルク　ラテ
- アイス　ダブル　ショート　ヘーゼルナッツ　ラテ
- アイス　グランデ　ラテ
- アイス　トリプル　トール　ヘーゼルナッツ　ツーパーセント　ラテ

実験1

「オーダーされたドリンクを10個、
順番通りに答えてください」
（記入したカップを見せない条件）

実験2

「次にカップを見て、
オーダーされたドリンク名をもう1度
10個順番に答えてください」

図 1-2　コーヒー店員の記憶実験の流れ（森下（2008）、有元・岡部（2013）をも
とに筆者が作成）

　ここで実験者が与えた「ある教示」とは、一体なんだったのでしょうか？
答えは驚くほど簡単です。

　実はこの実験では、10個分のオーダーを店員に伝える際、店員の手元には
普段の仕事中と同じように、様々なカップ（ホット用やアイス用、サイズ違いな

図1-3 コーヒーカップへの書き込みの例

ど）とペンを用意していて、実験者は「お店にいる時と同じように」カップとペンを自由に使用してもかまわない、と伝えていたのです。このお店に行ったことのある人なら分かると思いますが、このお店では店員はオーダーが入ると、手元に用意したカップにオーダー内容を示す書き込みを行い、その書き込みを見ながら商品を作っていくのです。例えば図1-3に掲載した写真では、「ホイップクリーム（whipped cream）トッピング」を表す「WC」や、「ラテ」を表す「L」をもとにした顔文字、ミルクを豆乳（soy milk）に変更することを表す「S」の書き込みやシールなどが確認できます。上記の実験ではこうした、カップに書き込みができる環境を再現していたのですが、第1段階ではこのカップへの書き込みを店員たちに見せないで、10個のオーダーを答えるよう求めていたのです。そして第2段階では、「カップを見て、オーダーされたドリンク名を」答えるように求めていた、というわけです。

◼️ 当たり前の記憶実践：私たちと人工物

　ここまで読んだ人は、「何を当たり前のことを！」と思ったでしょう。「メモを見ながらだったら、10個程度のオーダー、ちゃんと答えられて当然じゃないか」と。では、この当たり前のように見える話を切り口に、私たちの記憶、そして心についてもう少し深く考えていきましょう。

　前にも述べたように、私たちは瞬時にいくつかの情報を記憶しなければならない場合、普通はせいぜい7個前後のものしか記憶することができません。これは事実です。しかしこの事実が「事実」として成立するためには、実はある前提条件が必要なのです。

　その前提条件とはなんでしょうか？　答えは、「何も道具を持たないこと」

です。

　例えばあなたの片思いの相手が、あなたに携帯電話の番号を口頭で教えてくれる時、あなたならどうしますか？　そんな大切な情報を忘れてしまっては大変です。なんの道具も使わずに番号を覚えようとする人はあまりいないでしょう。あわててノートを取り出してメモをとる人もいるでしょうし、スマホを取り出してその番号を発信するかもしれません。「じゃあ私の番号でワン切りするから、登録しといてね！」などと言うかもしれませんね。やり方は様々ですが、「私たちが 7 個程度しかものを記憶できない」という事実は、こうした日常的な道具をすべて取り上げられた場合にのみ成立する、かなり限定された事実なのです。

　私たちの生活には、様々な道具があふれています。コーヒー店員がオーダーを処理する時の紙コップやペンもそうですし、店員とお客さんが一緒に見ているメニュー表も大事な道具です。好きな人の電話番号をメモするノートやペン、スマホもそうです。私たちが日常場面で何かを記憶する「日常的な記憶実践」の場面を考えてみると、そこには何らかの道具が関わっています。

　このことを、ロシアの心理学者ヴィゴツキー（Vygotsky,L.S.）は、図 1-4 のような図で表しました。

　この図では、主体 A が対象 B を直接みるルートだけでなく、道具 X がそれを「媒介」するルートが描かれています。コーヒー店員の例の場合、コーヒー店員が主体、記憶すべきオーダーが対象、そしてコップやペンやメニュー表が道具ということになります。文化心理学ではこのように、人の行為には常に何らかの道具が媒介物として関わっており、この主体・対象・道具のセットとして人の行為を捉えよう、と考えるのです。

　なお、文化心理学のなかでは、この道具のことを表す言葉がいくつか存在します（人工物と言ったり、媒介物と言ったりします）が、本書では分かりやすくするため、「道具」で統一して話を進めていきます。

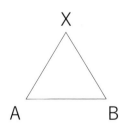

図 1-4　道具による媒介
(Vygotsky, 1978 柴田訳
1970、Engetröm, 1987
山住他訳 1999 などを参
考に筆者が作成)

道具と人のネットワーク

　図1-4を一見すると、「道具を使うといろいろなことが覚えられるようになる」というような単純な内容のようにも思えます。「なるほど、道具がないと7個程度のものしか覚えられないけど、メモ帳があればもっとたくさんのことが覚えられるな」というわけです。しかしこの図で文化心理学が表しているのは、「パソコンに外付けハードディスクをつければ、貯蔵できる情報量が増える」ように、「道具を使うと記憶の容量が増える」という話ではありません。この図が示す人と対象、そして道具との関係は、文化心理学が人間をどのような存在と捉えているのかの根本的な考え方を示しています。

　「道具を使うと記憶の容量が増える」という考え方は、言い換えると「道具が人に影響を与える」という図式になります。絵に表すと、図1-5のようになりますね。この絵では、「主体」と、記憶すべき情報という「対象」、そして記憶を媒介する「道具」がそれぞれバラバラに存在していて、そして「主体」が「対象」に働きかける過程に、「道具」が影響を与えるのだ、という過程として、「人」「対象」「道具」の関係が描かれています。

　しかし文化心理学はそうではなく、「人とは道具とセットの存在である」と考えるのです。もっと詳しく言うと、図1-6に示すように、「主体」が「対象」に働きかけるという行為自体に、既に「道具」が含まれている、と考えるのです。「主体」と「対象」と「道具」が個々バラバラに存在するのではなく、そもそも「人と対象と道具」というセットがあって初めて、何かを記憶するといった行為が明らかになるのだ、と考えるのが文化心理

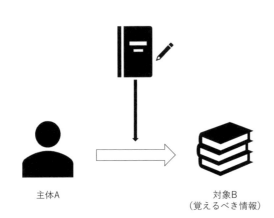

主体A

対象B
（覚えるべき情報）

図1-5 「バラバラに存在する主体・対象・道具」という理解

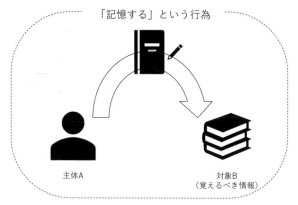

図1-6　主体・対象・道具のセットとしての行為

学なのです。

　例えば一人暮らしの学生が、スーパーマーケットで300g100円の豚肉のセールに出会ったとしましょう。料理をよくする人ならば、放っておくわけがありませんね。一人暮らしであっても、間違いなく1パックを買い物カゴに放り込むでしょう。しかし全ての人が豚肉300gを1日で食べきるわけではなく、「半分は野菜炒めにして今日の夕飯にするとして、残りの半分は明日カレーにでもしようかな」などと考える人もいるでしょう。この時、私たちは肉というものを、「1日で食べきらないと傷んでしまうもの」ではなく、「何日か貯蔵が可能なもの」として捉えているのだということが分かります。

　しかし、この「何日か貯蔵が可能な豚肉」という現実は、なんの前提もなく成立するものではありません。例えば私たちの部屋に冷蔵庫がなかったら？電気が通っていなかったら？　新鮮な豚肉を生産してくれる食肉業者がいなかったら？　産地からスーパーマーケットまで豚肉を運んでくれる配送業者は？　私たちの「何日か貯蔵が可能な豚肉」という現実は、冷蔵庫や電気、肉の処理施設、自動車や高速道路といった様々な道具が関わることで構成されているものなのです。

　このように、私たちが「現実」を見るということは、常に道具と関わり合いながら達成されることなのです。そして「現実を見るということ自体が道具な

しでは成立しない」のだから、「人や人の行為について考える時、人と道具を
バラバラに捉えても意味がないんじゃないか」「人と道具をバラバラにとらえ
るのはやめよう」と考えるのが文化心理学なのです。

　このことを、文化心理学者コール（Cole, M.）は、哲学者ラトゥール（Latour,
B.）の考えを引用しながら、以下のように述べています。

　　　「人工物も行為も、単独では存在しない。そうではなく、それらは相互に、し
　　　かも、人間の社会的世界と折り合わされているのであり、世界は、人工物と行
　　　為の媒介によって、巨大な相互結合のネットワークをつくりだしているのであ
　　　る。」（Cole, 1996 天野訳 2002 p.167）

　このように、何かを記憶するという行為が、道具と「相互結合したネット
ワーク」のなかにあると考えると、「記憶力を上げる」ためには「頭のなかの
短期記憶の容量を増やす」ことが大切なのではない、ということになります。
そもそも何かを記憶するという行為が、道具があって初めて成立するものなの
だから、短期記憶という機能は「頭のなか」ではなく、「記憶する人と、記憶
するべき対象と、道具」というネットワークのなかにあると考えるべきです。
ミラーが記憶範囲検査で明らかにした「7±2程度の記憶容量」という機能
だって、実験者と被験者といった関係性や、記憶するべき内容を提示する紙な
どの装置、実験室という特殊な環境を作り上げる様々な道具とのネットワーク
のなかで初めて成立する現実なのです。

　そしてこのように考えると、「記憶力を上げる」こととは、頭の容量や機能
を強化することではなく、「記憶する人と、記憶するべき対象と、道具」の
ネットワークの仕方を変えることである、ということになります。この質問を
してくれた人が、どのような状況を想定しているのかは分かりませんが、その
状況も、「記憶する人と、記憶するべき対象と、道具」のネットワークで成り
立っているのです。このネットワークのあり方を変えるために、まずはその状
況を成立させている「記憶する人と、記憶するべき対象と、道具」のネット
ワークを明らかにしてみることが必要なのではないでしょうか。

■■ 長期記憶の基礎知識

　さて、先ほど私は、記憶には様々な種類があると書きました。ここまではそのうち、短期記憶に焦点を当てて話を進めてきましたが、読者のみなさんのなかには、こう思った人もいるのではないでしょうか。「記憶力を上げるためには、すぐに忘れてしまう短期記憶じゃなくて、ずっと覚えていられる長期記憶を鍛えることのほうが大事なんじゃないか」「短期記憶じゃなくて、長期記憶のことが知りたいんだ！」

　なるほど。それでは次に、長期記憶についても説明しましょう。

　これまで説明してきた短期記憶は一時的なもので、その保持時間は 15 〜 30 秒程度だといわれています（森, 1999）。しかし短期記憶に一時的に保持された記憶のうちの一部は、その後長期記憶として永続的に保持されるようになります。

　この長期記憶にも、いくつかの種類があります。例えば過去の具体的な経験や思い出話のような「エピソード記憶」や、辞書に載っているような、何かを説明できる知識といった「意味記憶」などです。この「エピソード記憶」と「意味記憶」のような、言葉によって記述できる類の記憶を、まとめて「宣言的記憶」と呼んだりもします。これに対して、言葉にしづらい記憶、例えば自転車の乗り方や泳ぎ方のような、必ずしも言葉にできるとは限らないような記憶のことを「手続き記憶」といいます（表 1-1 参照）。このうち、次の章では主にエピソード記憶を例にして、さらに話を進めていきます。

表 1-1　様々な記憶

短期記憶	15 〜 30 秒程度しか保持されない一時的な記憶。		
長期記憶	宣言的記憶	言葉によって説明できる類の記憶。	エピソード記憶	自分自身の過去の経験に関する、思い出話のような記憶。
			意味記憶	何かに関する知識のように、辞書にのっているような形式で説明できる記憶。
	手続き記憶	言葉にしづらいが一度覚えるとあまり忘れることのない、行為や手続きに関する記憶。		

記憶と人びとのネットワーク

Chapter 2

■ エピソード記憶と道具

　ここでみなさんに、1つ聞いてみたいことがあります。みなさんは、去年の12月19日に何をしていたか、思い出すことはできますか？

　実はこの日は私の誕生日なのですが、多くの人にとっては何の変哲もない、普通の日だと思います。そのような日のことを急に思い出すことのできる人などそうそういないでしょう。しかし、例えばスマホに入っている写真を見ながらだとどうでしょうか？　スケジュールを書き込んでいる手帳を見ながらだと？　SNSへの書き込みをさかのぼると？　おそらく、「ああ、この写真をとったのが12月19日か、ということは私は○○にいたんだ」「この日は○曜日だったから、バイトのシフトが朝から入ってたんだ」「この書き込みをSNSにしたのは、確か○○の映画を見た直後だったな」などのように、途端に多くのことを思い出すことができるのではないでしょうか。

　このように、短期記憶の例と同じく、私たちのエピソード記憶も、多くの道具とのネットワークのなかで成立しています。そもそも、「○月○日」や「西暦○○○○年」、「令和○○年」といった年月日の表記も、1年を365日、1日を24時間とする紀年法やグレゴリオ暦といった道具のおかげで可能になっているものです。

　ここで私は、紀年法やグレゴリオ暦を「道具」である、といいました。もちろん私たちはカレンダーや手帳といった物質的な道具をもっていますが、紀年法やグレゴリオ暦はそういう物質を指しているわけではなく、実体がどこかにあるわけでは必ずしもない「ルール」のようなものです。実は文化心理学では、形のある物質的な道具だけでなく、ルールや制度のような実体のないものも「道具」である、と考えるのです。

　このような形のない道具のことを、ヴィゴツキーは「心理的道具」と呼びました（ヴィゴツキー，2006）。ヴィゴツキーは主に言語や記号を「心理的道具」と考えていましたが、私たちが共有している紀年法やグレゴリオ暦といった暦は、私たちが時の流れや、ある出来事と別の出来事との間の時間的距離を認識するため

に必要不可欠な道具であり、心理的道具の1つであるといえます。私たちのエピソード記憶は、メモ帳や写真といった物質的道具だけでなく、暦という複雑な心理的道具も関わっている大きなネットワークのなかで成立しているのです。

■■ 人びとのネットワークと記憶：共同想起

　ここまで、私たちの記憶が、私やみなさんの頭のなかの能力だけでなく、様々な道具とのネットワークのなかで成立していることを説明してきました。このネットワークは、私やあなたのようなそれぞれの個人と道具とのつながりだけを意味するのではありません。ここからはさらに、人と人とのつながりと、私たちの記憶との関係について考えていきましょう。

　例えば、みなさんは下に記しているような会話を、誰かとしたことはないでしょうか？

　　A：この前の連休に行ったディズニーめっちゃ楽しかったね！
　　B：超楽しかった！　やばいぐらいアトラクション乗ったね！
　　A：ねー！　なんだっけ、最初スペースマウンテン乗って、その次がトイストーリーでしょ、それで……
　　B：え、トイストーリーの前にモンスターズインク行ってない？
　　A：あーそうだそうだ！　で、その後か、トイストーリーは。
　　B：そうそう！

　この会話の例では、AさんとBさんの2人が連休中の思い出について話していますが、途中でAさんの記憶とBさんの記憶の間に食い違いが生じています。しかしその後、2人はお互いに記憶を補完し合いながら語り合うことで、正しい記憶を思い出しています。

　このように私たちは、何気ない記憶について他者と語り合うことで、互いの記憶を補い合って生活しています。この時、Aさんの記憶とBさんの記憶は、語り合いのなかで、2人の間で共有されたものとなっていきます。このような、「他者と語り合うことによる間違いの修正や欠落の穴埋め」のプロセス

を、「共同想起」と呼びます（高木, 2006）。私たちの記憶は必ずしも1人1人の内部だけに保管されているのではなく、他者との語り合いによるネットワークのなかで構成され、維持され、共有されるのです。

■ 社会的に構成される記憶：フラッシュバルブ記憶

もう1つ、他者とのネットワークのなかで構成される記憶について、例を出しましょう。突然ですが、ここでみなさんに1つ、質問をしてみたいと思います。

みなさんは、2011年3月11日の15時頃、どこでなにをしていましたか？

おそらくこの本を読んでいる年代のみなさんなら、この日のことをある程度鮮明に覚えているはずです。大きな揺れを感じた瞬間、あるいは東北から遠い地方の方の場合はニュースや知人からの情報で震災のことを知った瞬間など、タイミングは様々でしょうが、多くの方が、あの日のことをまるで昨日のことのように思い出すことができるのではないでしょうか。

こうした、感情が強く喚起されるような、社会的に重大な出来事に伴う鮮明な記憶は「フラッシュバルブ記憶」と呼ばれています。フラッシュバルブ記憶が他の記憶と異なる点の1つは、ある出来事について、多くの人が別々の場所で、別々のタイミングでその出来事を知ったにもかかわらず、みんなが通常は忘れてしまうようなささいなことまでも克明に覚えている、という点です。アメリカでは、J.F. ケネディ大統領暗殺事件やスペースシャトル「チャレンジャー」の爆発事故、9.11 同時多発テロ事件について、同様の現象が報告されています。

このフラッシュバルブ記憶がどのような原因で生じているのかについて、ブラウンとクリク（Brown & Kulik, 1977）はかつて、特別に重要な出来事は特殊な記憶メカニズムで記憶されているのではと考えました。しかしその後、このような感情的記憶に関する特殊なメカニズムを想定する考えには様々な批判が行われました。

では、特殊な記憶メカニズムが原因でないのだとしたら、一体なぜフラッシュバルブ記憶のような現象が生じるのでしょうか？　ナイサー（Neisser, 1982）は、フラッシュバルブ記憶が生じるのは特殊な内的メカニズムが原因な

のではなく、様々な形でこうした記憶が「リハーサル（復唱）」されることが原因なのではないかと指摘しました。

例えば3.11の東日本大震災の例では、私たちはあの出来事の直後から、様々な人と、震災当日の出来事やその後の互いの無事を確認し合うような会話を至るところで繰り広げたことでしょう。「大丈夫だった？」「うん、うちのほうは停電もなかったし。そっちは？」「いやーあの時数学の授業中だったんだけどさ・・・」といったような会話を、みなさんも何度となく経験したのではないでしょうか。さらに、あのころテレビでは津波や原子力発電所の事故、そして被災地からの中継映像が繰り返し繰り返し流されていました。こうした映像を見るたびに、私たちはその瞬間の出来事を振り返ることになります。衝撃的な事件が私たちに鮮明な記憶を残すのは、その出来事について他者と語り合ったり、メディアを通して体験を振り返ったりといったように、他者や道具のネットワークのなかで、様々な形での「リハーサル（復唱）」の機会が多数生まれているからなのです。

■ ネットワークと記憶の誤り：ロフタスの衝突実験

「共同想起」や「フラッシュバルブ記憶」の例から分かるのは、私たちは記憶を「自分だけの持ち物」として獲得したり、保持しようとするのではなく、他者と生活するなかで語り合い、補い合い、共有することで生活しているということです。このように、記憶が「自分だけの持ち物」ではなく「共同で構成するもの」であるという前提にたつと、「記憶力を上げる」ということは、筋トレをするように脳のどこかの部位の機能を強化するというようなことではない、という考え方になります。それよりも、自分のあいまいな記憶について語り合い、補い合い、共有する他者とのネットワークを広げたり、充実させることのほうが、よほど大事なのではないでしょうか。

ここで誤解してほしくないのは、「他者とのネットワークが広くなり、充実すればするほど、記憶は正確になる」というわけではない、ということです。逆に、こうした他者とのネットワークによって、記憶が誤った内容となってし

まうという例も知られているのです。

このことを示した有名な実験として、ロフタス（Loftus, E.F.）が共同研究者と行った「衝突実験」が挙げられます（Loftus & Palmer, 1974）。ロフタスは、事件や事故にまつわる関係者の証言についての研究を展開した人で、証言研究のパイオニアとも呼ばれています。

ロフタスらが実施した実験は、以下のようなものです（図2-1参照）。はじめに、参加者に交通事故の様子を撮影した映画を見せます。次に、参加者に対して、事故を起こした車がどれくらいの速度で走っていたのかを質問するのですが、ここから手続きが分かれます。あるグループでは、実験者は参加者に、自動車が「激突（smashed）」した時の速度をたずねるのですが、別のグループでは実験者は「激突」という言葉を使わず、代わりに「当たった（hit）」という、少し軽い表現で自動車の速度をたずねます。また、この2つのグループの比較対象とするために、もう1つのグループでは速度をたずねる質問は行いませんでした。

このような実験をした1週間後、ロフタスらは参加者を再び呼び集め、前に見た映画についていくつかの質問をします。この質問のなかでロフタスらが最も重視していたのは、「壊れたガラスを見ましたか」という質問です。実は、映画のなかでガラスが割れるシーンはなく、この質問には「見ていない」と答

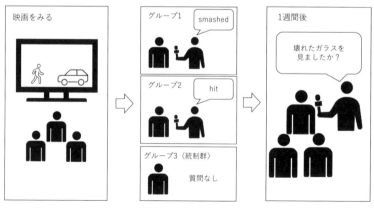

図2-1　ロフタスの衝突実験の流れ

えるのが正解ということになります。

　以上が実験のおおまかな手続きなのですが、結果は驚くべきものでした。「当たった」という軽い表現で質問をされたグループ2の参加者のうち、「壊れたガラスを見た」という誤りの回答をしたのは50人中7人だけだったのに対し、「激突した」という強い表現で質問をされたグループ1の参加者は、50人中16人が「壊れたガラスを見た」と証言したのです。

　「激突」という表現は「当たった」という言葉に比べると、事故の激しさを連想させます。しかしこの表現が参加者に与えられたのは、「壊れたガラスを見たか」という質問をされる1週間も前のことであり、しかも「壊れたガラス」とは直接関係のない、車の速度に関する質問のなかでのことでした。にもかかわらず、「激突した」という言葉は参加者の3人に1人に近い割合で参加者の記憶を誤った内容へと導き、その割合は「当たった」という表現の2倍以上にもなったのです。

　こうした「出来事を体験した後に、他者から与えられた情報によって記憶が変容し、体験していない出来事の記憶が植えつけられる」現象は「事後情報効果」と呼ばれています（高木, 2006）。聴き手が発したほんの小さな言葉でさえも、私たちの記憶に大きな影響を与えます。私たちの記憶はこれほどまでに、外とのつながりによって、強く影響されるのです。

　このように、他者とのつながりは記憶を補完したり正確にしたりするだけではなく、時には誤った記憶を植えつけたりもします。しかしここで重要なのは、「他者とのつながり」が「記憶」に良い影響を与えるのか、悪い影響を与えるのかという話ではなく、そもそも「記憶」とは他者とのつながりのなかで構成されるものだ、ということなのです。他者とのつながりによって記憶が正確になるのでも、不正確になるのでもなくて、他者とのつながりなしには「記憶」という現象は説明できないのです。こうした記憶という現象の性質を考えると、「記憶力を高める」という質問に回答する際にも、個人の能力ではなく、道具や他者とのネットワークを中心に据えるべきであるということになるでしょう。

■■ ネットワークを活用した記憶術

　ここまで、短期記憶、長期記憶について、様々な例を紹介しながら、そうした記憶が多くの道具や他者とのネットワークのなかで成り立っているのだという話をしました。さらに、記憶力を高めるという場合、個人の能力ではなく、道具や他者とのネットワークを対象として考えるべきであると述べました。では、具体的にどのような方法で、記憶力を高めることができるのでしょうか？

　記憶力を高める方法として、おそらく最もイメージされやすいのは、記憶術でしょう。実はこの記憶術には、道具や他者とのネットワークをうまく活用した方法が存在するのです。

　例えば有名な記憶術の1つである「場所法」という方法では、イメージしやすいある場所を移動する順序を利用します（Atkinson et al., 2000 内田監訳 2002）。イメージしやすい場所が自宅である場合、玄関からドアを通って廊下を歩き、左側と右側にそれぞれ1つずつある部屋の前を通過し、突き当たりにあるドアを開けて居間に入ると、右側にカウンターキッチン、目の前にダイニングテーブルがある、といった具合です。この「玄関のドアを開ける→左側と右側の部屋の前を通過する→突き当たりのドアを開ける→目の前にテーブルがある」という順序が簡単にイメージできるようになると、次にそれぞれの場所に、覚えるべき任意の項目を対応させていきます。例えばある買い物リスト（パン、コーラ、牛乳、ハム、チーズなど）を覚えたい場合は、玄関に置いてある食パン、左と右の部屋のドアに貼られたコーラと牛乳のポスター、突き当たりの部屋のカウンターキッチンに置かれた大きな生ハム、テーブルの上のチーズ、という感じになるでしょう（図2-2）。こうしたイメージが形成されると、次からは玄関からテーブルまでの道筋を思い描くことでリストが容易に思い出せるようになるわけです。この方法は、家のなかでの移動経路と覚えるべき項目とを意図的にネットワーク化させようとしているものであり、道具とネットワーク化する記憶の性質をうまく利用したものであるといえるでしょう。

　記憶術というと、頭のなかに驚異的な量の情報を詰め込む、内的な工夫だとイメージされがちなのではないかと思います。またこれまでの心理学の研究でも、

記憶術はイメージや情報の検索方法、再生方法といった、内的な処理過程として説明される傾向にありました。しかしその記憶術にも、詳細に見ていくと、記憶が道具や他者とのネットワークの間に位置づけられ、ネットワークのなかで構成されていくプロセスが活かされているのです。そう考えると、記憶術は神秘的なものでもなんでもなくて、記憶と道具や他者とのネットワークのあり方を少しアレンジした単なる一形態であると理解できるのではないでしょうか。

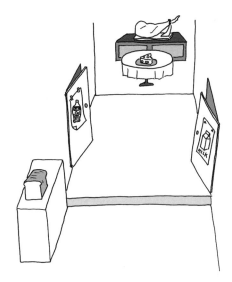

図2-2　場所法のイメージ

■■ なぜ記憶力を高めたいのか？

　私はこの第1部の最初に、この質問を「興味深い質問」だといいました。なぜでしょうか？　それは、この学生をはじめ、多くの学生が「記憶力」というものに関心をもち、「記憶力を高めたい」と願っている、その理由に関係があります。

　これは推測ですが、この質問をしてくれた学生さんは、おそらく何らかの試験などに役立てたいと思い、この質問をしてくれたのではないでしょうか。さらにいえば、この質問をした背景には、「記憶力」と「頭の良さ」が関係するというイメージがあったのではないでしょうか？

　私のこの推測は、ある経験が理由となっています。以前、私は自分が担当している授業の期末試験で、こういう問題を出しました。

　「頭の良さとは何だと思いますか。授業で扱った内容を引用しながら、自身の考えを述べてください。」

その結果、回答者96名のうち、10名が「頭の良さは記憶力と関係している」あるいは「頭の良さとは記憶力の高さである」という旨の回答を提出してきたのです。私はこのことに、小さからぬ衝撃を覚えました。この授業で私は、「頭の良さというのは、記憶力やその他の能力で単純に規定されるものではない」ということを繰り返し解説していたのですが、その授業を経てもなお「頭の良さは記憶力で決まる」という考え方が学生のなかに根強く残っているということに衝撃を受けたのです。

　もちろん、これは私の授業にまだまだ改善の余地があるということでもあり、私がこれをきっかけにさらなる授業改善に努めているのは言うまでもありませんが、一方でこの「頭の良さは記憶力で決まる」という考え方は、この学生たちだけでなく、世間一般に広く共有されている考え方でもあるのではないでしょうか。それはなぜか？　これには、私たちが経験してきた教育システムが関係しています。

　みなさんもご存知の通り、学校やその他の場所で受ける試験は、記憶力がものを言うシステムになっています。私たちはある事件の年号や人の名前、細胞の名前や機能、漢字、英単語の綴りなど、様々なことを暗記して、そして制限時間内に解答用紙に書き込むという試験を何度も受験してきましたし、その結果によって「頭の良さ」を判断されてきました。こうした場所で育ってきた私たちが、「頭の良さは記憶力で決まる」という考え方になったとしても、なにも不思議はありません。

　そして、この学校の試験の最も重要な特徴の1つは、「ネットワークを剥奪される」という点にあります。例えば墾田永年私財法が発布された年代を忘れた時に、それを記しておいたノートを見ることは許されませんし、細胞膜やゴルジ体の機能を先生がどう説明していたかについて「ねえ、先生なんて言ってたっけ？」と隣の友人に確認することもできません。漢字の読みを入力すれば自動的に変換してくれるスマートフォンやパソコンもないし、英単語の綴りの誤っている箇所を赤いアンダーラインで指摘してくれるワード機能も使えません。このように、日常生活では当たり前にあるはずのネットワークを剥奪して、真空の環境を作り出し、孤独でなにも持たない状態で私たちを測定しよう

とするのが、学校の試験という環境なのです。

　日常生活のなかでの私たちの記憶が、様々な道具や他者とのネットワークのなかで成立しているのだということを考えると、この学校や試験という環境がいかに奇妙なものかが分かるでしょう。そして、この奇妙なシステムで本当に「頭の良さ」が判断できるのか、そこで判断された「頭の良さ」に一体どれほどの意味があるのかについて、私たちは改めて考える必要があります（「頭の良さ」や「かしこさ」については、第4部で詳しく扱います）。

　文化心理学はこれまで、こうした学校システムの構造や、そこで生み出される学力観の妥当性について繰り返し批判し、改善策を検討してきました。また同様の批判は、社会学や哲学など様々な領域の研究者からも為されてきました。こうした批判を受け、現在では小学校や中学校といった義務教育段階だけでなく、幼児教育、高校や大学に至るまで、教育の方法や学力の評価方法について、現場の教育者や研究者が一緒になってより良い方法を考え続けています。例えば、知識をただ覚えることではなく、それを道具や他者とのネットワークのなかでどう活用するのかを重視するために、アクティブ・ラーニングと呼ばれる新たな授業の方法が急速に広がっています。また大学入試においても、暗記された知識の量を問うだけではない新たな評価の方法について検討が進められ、今まさに改革が進んでいます。しかしこうした改革の試みもまだ始まったばかりであり、現在進んでいる改革について見直すべきところはないか、また今後新たに必要な試みは何なのかについて、さらなる検討が必要でしょう。

[引用・参考文献]

有元典文・岡部大介（2013）. デザインド・リアリティ増補版 ——集合的達成の心理学——　北樹出版

Atkinson, R. L., Atkinson, R. C., Smith, E. E., Bem, D. J., & Nolen-Hoeksema, S. (2000). （アトキンソン, R. L.・アトキンソン, R. C.・スミス, E. E.・ベム, D. J.・ノーレンーホークセマ, S. 内田一成（監訳）（2002）. ヒルガードの心理学13版　ブレーン出版）

Brown, R. & Kulik, J. (1977). Flashbulb memories. *Cognition*, 5, 73-99.

Cole, M. (1996). （コール, M. 天野清訳（2002）. 文化心理学——発達・認知・活動への文化 - 歴史的アプローチ——　新曜社）

Danziger, K. (1997). (ダンジガー, K. 河野哲也監訳 (2005). 心を名づけること——心理学の社会的構成—— 上巻 勁草書房)

Engeström, Y. (1987). (エンゲストローム, Y. 山住勝広・松下佳代・百合草偵二・保坂裕子・庄井良信・手取義宏・高橋登 (訳) (1999). 拡張による学習——活動理論からのアプローチ—— 新曜社)

森下将伍 (2008). コーヒーショップにおける人工物に媒介された行為 平成19年度横浜国立大学教育人間科学部卒業論文

森敏昭 (1999). 短期記憶／長期記憶 中島義明・安藤清志・子安増生・坂野雄二・繁枡算男・立花政夫・箱田裕司編 心理学辞典 (pp.567-568) 有斐閣

Neisser, U. (1982). Snapshots or benchmarks? In U. Neisser & I.E. Hyman (Eds.), *Memory observed: Remembering in natural contexts*: 68–74. San Francisco: Worth Publishers.

Loftus, E. F. & Palmer, J. C. (1974). Reconstruction of automobile destruction: An example of the interaction between language and memory. *Journal of Verbal Learning and Verbal Behavior, 13*, 585-589.

高木光太郎 (2006). 証言の心理学——記憶を信じる、記憶を疑う—— 中央公論新社

Vygotsky, L. S. (1930-1931). История развития высших психических функций (ヴィゴツキー, L. S. 柴田義松 (訳) (1970). 『精神発達の理論』明治図書)

Vygotsky, L. S. (1978), ヴィゴツキー, L. S. 柴田義松・宮坂琇子 (訳) (2006). 障害児発達・教育論集 新読書社

ヴィトゲンシュタイン, L. 丘沢静也 (訳) (2013). 哲学探究 岩波書店

第 2 部
· ·

新しいことを学ぶ方法
—— 学習研究の歴史 ——

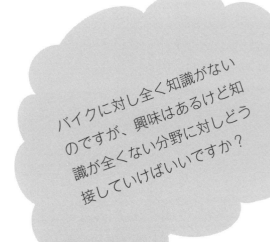

バイクに対し全く知識がない
のですが、興味はあるけど知
識が全くない分野に対しどう
接していけばいいですか？

学習研究の第1世代

■■ 行動主義とその限界 ■■

Chapter 3

第2部では、こんな質問に対する答えを考えていきます。

> バイクを買おうかなと考えている1年の女です。バイクに対し全く知識がないのですが、興味はあるけど知識が全くない分野に対し、どう接していけばいいですか?

　この疑問は、多くの人が感じたことのある疑問ではないでしょうか。私も高校生のころ、「バンドを組みたいけど、何から始めればいいんだろう」「どんなものが必要なんだろう」「みんなどうやって練習してるんだろう」と、様々な疑問に悪戦苦闘しながらバンドを組んだことをよく覚えています。

　「新しいこと」にチャレンジして、何かを習得していく過程を、心理学の言葉では「学習」と呼びます。近い言葉として、近年では「学び」という言葉もよく使われますが、この本では「学習」と「学び」は同じ意味の言葉として扱っていきます。

　学習は、私たちの生活と切っても切れない関係にある、とても身近なところにある現象です。この質問や私の体験談は、趣味の領域についての話でしたが、私たちがこれまで学校で求められてきた、様々な科目についてのお勉強も「学習」という現象の一例です。近年では、学校だけでなく一部の企業においても、1人1人がどのように新しいことを学習していくのか、それを会社側がどう支援していくのかが積極的に議論されています。さらに各自治体では、定年後の世代も含めた「生涯学習」のための取組が数多く展開されています。学習は、私たちの生涯にわたって重要な課題となっているのです。

　このような私たちの一大テーマである「学習」について考え、この質問に答えるために本章では、まずは心理学者たちが学習をどのように研究してきたかについて解説することから始めてみようと思います。「学習」という現象を心

理学がどのように研究してきたかという歴史は、心理学という学問全体がこれまでにどのような変化を遂げてきたのかを理解するための格好の題材となります。そしてそれは同時に、この本のメインテーマである「文化心理学」がなぜ生まれたのか、どのような必要性のもとでこの領域が進展してきたのかにも大きく関わっています。

　心理学におけるこれまでの学習研究は、大きく3つの時代に分けることができます。この3つの時代を順に追っていくことで、心理学者たちが学習をどのように捉えてきたのか、そしてその考え方がどのように移り変わり、発展してきたのかを見てみましょう。

■ パヴロフの「条件反射」研究

　心理学における初期の学習研究は、「行動主義」と呼ばれる考え方に基づいて行われました。行動主義的な学習研究の例として最も有名なのは、パヴロフ（Pavlov, I.）という研究者が行った「パヴロフの犬」と呼ばれる実験でしょう。

　「パヴロフの犬」の実験は心理学の実験のなかでも特に有名なものの1つですが、パヴロフ自身はもともと心理学者ではなく、食べ物が消化される過程について研究していた生理学者でした。この研究の一環で、パヴロフと助手たちは犬にエサを与え、その際の唾液の分泌量を調べていたのですが、ある時、実験に使用していた犬が、エサを与えられていないのに唾液を分泌していることに気づきます。実験室で様々な実験を経験した犬は、食べ物を載せる器を見たり、器をもってくる人を見たり、あるいはその足音を聞いただけでも、唾液を分泌するようになっていたのです（Hock, 2002 梶川・花村監訳 2007）。

　この出来事をもとに計画され、行われたのが以下のような実験でした（図3-1参照）。最初に、空腹状態の犬に、ベルの音を聞かせます。その数秒後、犬にエサが与えられます。エサをみると、お腹をすかせている犬は唾液を分泌します。この唾液の分泌は、お腹がすいている状態の動物に起こる生物学的な反応であり、学習を必要としません。またベルの音は、犬にとってはこの時点では何の意味ももたないただの音として認識されており、エサなしでベルの音だけ

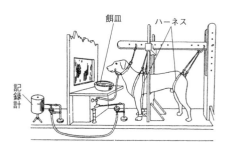

餌皿　　　ハーネス

記録計

図3-1 「パブロフの犬」の実験風景 (Yerkes & Morgulis, 1909：櫻井・黒田, 2012)

を聞かされても、犬は何の反応もおこしません。

　しかしその後、ベルの音とエサをほぼ同時に与えられるという経験を何度も繰り返すと、犬はそのうちに、エサがなくても、ベルの音を聞いただけで唾液を分泌させるようになります。この時、犬はベルの音が、何の意味ももたないものではなく、その後にエサが与えられる予兆であることを「学習」したということができます。最初はベルの音そのものに対しては無反応だった犬が、この「学習」によって、ベルの音を聞いただけで唾液を分泌させるというように、行動を変化させたわけです。パヴロフはこのように、生物が学習によって行動を変化させる過程を、実験によって再現したのです。

　この実験では、ベルの音と唾液の分泌という、本来無関係なはずの「刺激」と「反応」を、経験を積み重ねることによって結びつけることが可能なのだということが明らかになりました。この現象は「条件反射」あるいは「古典的条件づけ」と呼ばれ、その後の学習研究に大きな影響を与えました。

■ 第1の時代：行動主義

　この実験が高い評価を受けた理由の1つとして、唾液の分泌という、誰にとっても明らかな、目に見える反応に注目することで学習の過程を明らかにした点が挙げられます。「誰にとっても明らかな」もの、「目に見える」ものを扱うということは、当時飛躍的な発展を遂げていた物理学や化学といった自然科学の諸領域において、研究を「科学的」なものにするための絶対のルールと考えられていました。

　20世紀初頭までの心理学は、被験者に自分の意識の状態を自己観察させ、それを口頭で報告させるという、「内観」と呼ばれる手法が一般的でした（小

泉，2012）。しかしこの方法は、「意識」という目に見えないものを対象としている点が科学的でないとされたり、被験者の報告は「主観」が入ってしまっていて客観的でないと批判されたりすることが多く、心理学を「科学」と認めるかどうかは大きく評価の分かれるところでした。

　そんな当時の状況のなかで、パヴロフの条件反射研究は、学習という本来目に見えにくい現象を、「刺激」に対する「反応」という、誰もが見ることのできる「行動」の変化に着目することであざやかに描き出しました。これによってパヴロフは、学習が科学的な方法で探求可能なのだということを心理学者たちに示したのです。この研究は、学習研究のみならず、心理学全体に大きなインパクトを与えました。

　こうした当時の状況はやがて、その後の心理学に多大な影響を与える1つの大きな流れを作り出すこととなりました。その流れの象徴ともいえる心理学者がワトソン（Watson, J. B.）です。パヴロフのノーベル賞受賞から9年後の1913年、ワトソンが発表した「行動主義者のみた心理学」という論文は、次のような宣言から始まっています。

　　　「行動主義者が心理学を眺めるとき、それは自然科学の純粋に客観的で実験的
　　　な一分野である。その理論的目標は行動の予測と統制にある。」(Watson, 1913)

　ワトソンはこの論文で、心理学が客観的な科学であるためには、それまでの心理学が扱ってきた意識や内観、口頭報告を廃し、誰もが見ることのできる「行動」のみを扱うべきであるという「行動主義」の姿勢を打ち出しました。学習研究も、行動主義的アプローチが中心となり、行動に着目することで学習に関わる様々な現象が研究されるようになりました。

　行動主義的アプローチによる学習研究の代表的な例の1つとして、スキナー（Skinner, B. F.）の「オペラント条件づけ」研究が挙げられます。スキナーは、箱のなかに入れられたネズミが、箱のなかにあるレバーを押すとエサが出てくるという仕組みを学習する様子を観察しました（図3-2参照）。ネズミははじめ、何かの拍子に偶然レバーを押しますが、その行動によってエサが与えられ

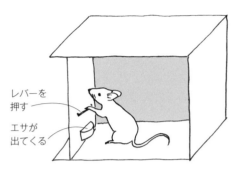

図3-2 スキナーの実験装置「スキナー箱」の仕組み

ると、ネズミは徐々にレバーを押すという「行動」とエサという「報酬」を結びつけるようになり、自発的にレバーを押すようになっていきます。

この研究も、パヴロフが打ち立てた、学習とは「刺激」と「反応」の結びつきという「行動」の変化である、という図式に則っています。しかしスキナーはこの研究によって、パヴロフが研究した唾液の分泌のような反射的な反応だけでなく、レバーを押すといった自発的な行動も、経験によってある刺激と結びつけることが可能であると証明したのです。さらに、こうした学習がエサという報酬によって促進されるという、報酬による学習の「強化」の過程も、スキナーの研究によって注目されるようになりました。

■ バイクを学習すること①：行動主義の見解

以上のような行動主義の学習研究は、一言でまとめると「学習とは『刺激』に対する『反応』の変化である」という考えのもとに行われたものでした。ある「刺激」が与えられた時、それに対して当初とは異なる「反応」や、反応としてある「行動」を示すようになるということが、行動主義が考える「学習」の図式でした。

この観点から、本章のはじめに紹介した質問者の質問を考えてみましょう。行動主義の観点から考えると、一体何がどうなれば、バイクについて学習が生起したということになるのでしょうか？　例えば、バイクのバランスがくずれた時、最初はそのまま転んでしまっていたのが、徐々にとっさに足を出して体を支えることができるようになった、というような場合、それは行動主義の観点から考える学習の図式にぴったりと当てはまります。

しかし、果たしてこの考え方だけで、バイクについての学習を全て説明することができるでしょうか？　例えばバイクで走るということを考えた場合、家の近くの地形を学んでいくということも、必要な学習でしょう。「いつもは甲州街道を通って学校に行くけど、今日はあの道は工事だって言ってたっけ。じゃあ混んでいるだろうから甲州街道は通らずに、井の頭通りで迂回して行こう」といったようなことを考えられるようになるためには、家から大学までの道筋や東京都内の道路のおおまかな様子を学習することが求められます。こうした学習は、「刺激」と「反応」の結びつきという、行動主義の考え方だけで説明できるでしょうか？　お気づきの通り、それだけでは説明はできません。ではこの観点から、学習研究の歴史をもう少し先までたどってみましょう。

■■ 行動主義の限界：トールマンの「認知地図」研究

　行動主義は、学習という現象を、「刺激」と「反応」の結びつきという「行動の変化」に注目して捉えることで、心理学の学習研究の礎を築きました。その後も様々な研究者が行動主義的アプローチによって学習の仕組みを明らかにしようと試みましたが、このアプローチは徐々にいくつかの問題点に突き当ることとなりました。

　行動主義の問題点を見事に指摘した研究の1つに、トールマン（Tolman, E. C.）の「認知地図」研究が挙げられます。トールマンの研究は、何種類もの迷路を用いて、ネズミが迷路の道筋を学習する過程について様々な角度から検証を行うというものでした。トールマンは数多くの実験を重ね、学習という現象が行動主義の枠組みだけでは説明しきれないことに気づきました。ここでは代表的な研究として、「潜在学習」実験、「空間定位」実験の2つを紹介しましょう。

　1つ目の潜在学習実験（Tolman, 1932）では、ネズミを3つのグループに分けて実験を行います（図3-3参照）。ここではそれぞれ、「エサあり群」「エサなし群」「実験群」と名づけておきましょう。いずれのグループのネズミも、ある複雑な迷路を1日1回ずつ走らされ、出口に出てくるまでに何回道筋を間違えたかを調べられます。間違いが少なくなればなるほど、ネズミは迷路の道筋を

	1日目	11日目	20日目
エサあり群		エサあり	
エサなし群		エサなし	
実　験　群	エサなし	エサあり	

図 3-3　潜在学習実験装置の概略と実験の流れ

学習したということになるわけです。

　３つのグループで異なるのは、実験者が各グループのネズミに対して与える報酬です。「エサあり群」では、迷路の出口に報酬のエサが置かれました。それに対して「エサなし群」ではその名前の通り、ネズミがどんなにはやく出口にたどり着いても報酬は与えられませんでした。また「実験群」のネズミは、はじめの 10 日間は何も報酬を与えられませんでしたが、11 日目以降は「エサあり」グループのネズミと同じく、迷路の出口にエサが用意されました。この報酬の違いによって、迷路で道筋を間違えた回数にどのような差がでてくるのかを見ようとしたのです。

　その結果をまとめたのが図 3-4 です。このグラフから、「エサあり群」のネズミは２週間もたてばほとんど間違えずに出口にたどり着けるようになるのに対し、「エサなし群」のネズミはほとんど迷路を学習していないことが分かります。ここまでは、前出のスキナーが明らかにした、学習が報酬によって「強化」されるという現象と同じ結果といえるでしょう。

　注目すべきは「実験群」のネズミが出した結果です。「実験群」のネズミは、報酬が与えられなかった 10 日目までは、「エサなし群」と同じくほとんど迷路を学習しません。しかし 11 日目から報酬が与えられるようになると、とたんに様子が変わり、急速に迷路を学習し始め、そこからわずか３日間ほどでほとんど間違えずに出口にたどり着けるようになったのです。グラフの傾きを見ても、そのスピードが「エサあり群」をはるかに上回るものだったことが分かります。

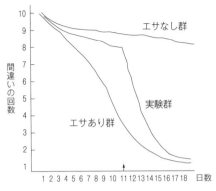

図 3-4　トールマンの潜在学習実験の結果

　この結果は、行動主義の理論では説明できないものです。行動主義では学習を「行動の変化」であると考えます。しかし上記の結果は、「実験群」のネズミが、最初の10日間の間、行動で示されているよりもはるかに多くのことを学習していたことを示しています。トールマンはこの結果から、「実験群」のネズミは10日間の間に、迷路の道筋について頭のなかの「地図」、つまり「認知地図」を作り上げており、報酬という動機が与えられたとたんにそれを利用し始めたのだ、と考えました。

　この考え方に対しては、数多くの行動主義者から反論が寄せられました。なにしろ行動主義は、「意識」のような目に見えないものを扱うことは科学的でないと考え、「刺激」に対する「反応」という、目に見える「行動」のみを扱うことが唯一の方法だと考えることで成立してきた考え方です。こうした考えの人びとにとって、「認知地図」のような「頭のなかの仕組み」で学習を説明しようとするトールマンの理論は、受け入れがたいものだったことでしょう。

　行動主義者たちはトールマンの「認知地図」の考え方を否定し、「『実験群』のネズミは、はじめの10日間迷路を走り回ることで、全ての道や曲がり角という『刺激』に対する『反応』を習得していただけではないか」と反論しました。ネズミは迷路全体の「地図」を頭のなかで描き、それを利用していたのではなく、迷路を繰り返し走り回ることで、「この曲がり角」では「右に曲が

る」、「この道」では「まっすぐに進む」といったように、全ての道筋において「刺激」と「反応」の正しい組みあわせを習得していたのではないか、と考えたのです。行動主義者たちはあくまでも、「頭のなかの仕組み」ではなく、「刺激」と「反応」の結びつきによってのみ、「実験群」のネズミに起きた学習を説明しようとしました。

　こうした批判に対して「認知地図」の理論が正しいことを証明するためには、迷路の学習が単なる「刺激」と「反応」の組み合わせで行われているのではないということを示す必要があります。例えばある迷路のなかで訓練されたネズミが、「その迷路の一部が大きく変わったり、取り除かれたりしたとしても、出発点から相対的に見た餌の場所を認識している」（Hock, 2002 梶川・花村監訳 2007）ということが証明できれば、行動主義者の批判に打ち勝つことができます。こうしてトールマンが実施した更なる実験が、2つ目の「空間定位」実験 でした。

　この実験ではトールマンは、2つの迷路を用意しました。1つ目の単純な迷路は、スタート地点から少し進むと円形の空間に入り、それを横切った後はエサのある場所に対して少し遠回りをするような道筋になっています（図3-5 参照）。ネズミは最初にこの単純な迷路に取り組みますが、これは比較的簡単な迷路なので、ネズミはすぐにほとんど間違いなくゴールすることができるようになります。

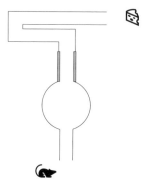

図3-5　空間定位実験の実験装置概要 1

　次に、実験者は使用する迷路を、図3-6 のような放射線状の迷路に取り替えます。この迷路では、最初の単純な迷路で学習した通りの道筋は途中でふさがれてしまっており、ネズミは円形の空間まで戻ってこなくてはなりません。円形の空間に戻ってきたネズミは、単純な迷路で学習したエサの場所に行くために、12 の道から 1 つを選ぶことになります。仮に迷路の学習がすべて「刺激」と「反応」の組み合わせで行われるのであれば、ネズミは「円形の通路からまっすぐの道に

　第2部　新しいことを学ぶ方法

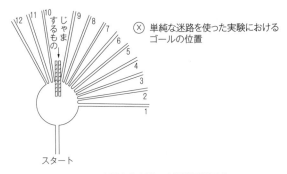

図 3-6　空間定位実験の実験装置概要 2

⊗ 単純な迷路を使った実験における
　ゴールの位置

入って、最初は左に曲がる」ということを学習しているはずですから、ふさがれている道から左側の道を選ぶネズミが多くなるはずです。

　しかし結果はそのようにはなりませんでした。図 3-7 のグラフでは、各通路を選んだネズミの数が示されていますが、このグラフから最も多くのネズミが、10 番や 11 番の通路ではなく、はじめの単純な迷路で学んだエサの方角に最も近い 6 番の通路を選んでいたことが分かります。トールマンはこの結果から、ネズミは「はじめの迷路において、ある特定の通路をたどるとエサに到達するという、単なる進路地図を身につけているのではなく、エサが部屋のなかのこの方角に位置しているというような、もっと広くて包括的な地図を学習しているようである」（Tolman, 1932）と結論づけました。

　この研究は、心理学の学習研究に大きな転換をもたらしました。それまで「刺激」と「反応」の組み合わせにのみ注目し、観察することのできない内面的なはたらきを見過ごしてきた行動主義に対して、トールマンは「認知地図」のような複雑な内面的プロセスが学習を支えていることを証明しました。さらにトールマンの考えた実験手続きは、そういった直接は観察できない内面的

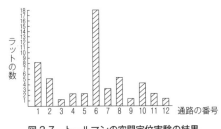

図 3-7　トールマンの空間定位実験の結果

なプロセスであっても、手続きを工夫することによって調査可能であることを示したのです。トールマンが示した学習研究の新しい方向性はその後、「認知主義」と呼ばれる第2の流れへとつながっていくこととなります。

学習研究の第2世代

■■ 認知主義から社会的実践 ■■

■ 第2の時代：認知主義

　この時期、行動主義の限界に気づき、新たなアプローチを始めたのはトールマンだけではありませんでした。時期を同じくして、様々な研究者たちが、「刺激」と「反応」の結びつきという行動主義の考え方だけでは説明できない内面的なプロセス、すなわち認知的側面について、様々な研究を発表し始めていたのです。

　例えばピアジェ（Piaget, J.）は、乳幼児を対象とした数々の実験から、人の認知において、「スキーマ」という認知的枠組みが重要な役割を果たすことを指摘しました。ピアジェは幼児に対して、2つの同じ量のジュースを見せ、同じ量であることを確認させた後、乳幼児の目の前で一方のジュースを細長い容器に移し、もう一方の手を加えていないジュースと比較させ、どちらのジュースの量が多いのかを聞くという実験を行いました（図4-1参照）。この結果、ある年齢よりも幼い被験者は細長い容器に移したジュースのほうが多いと回答することが多いことに着目したピアジェは、こうした乳幼児は「細長いものの量は多い」という認知的枠組みをもっているということを指摘するとともに、人間はこうしたスキーマに基づいて外界の現象を認識しているのだと説明しました。またこの結果は、乳幼児が「細長いものの量は多い」というスキーマをもっていると同時に、「どのように形を変えても物の量は変わらない」という「量の保存」のスキーマをまだもっていないことも示しています。ピアジェはこのような実験を積み重ねることで、子どもが発達していくにしたがって、徐々にスキーマを獲得していく様子を明らかにしました（ピアジェの発達研究については、第5部で詳細に扱います）。

　トールマンの「認知地図」研究や、ピアジェの「スキーマ」研究はいずれも、行動のみではなく頭のなかの仕組みや内面的なプロセスを対象とする、後の認知心理学の重要な萌芽となりました。しかしこの時点ではこうした認知的

<table>
<tr><td>AとBのおはじきが同じ数であることを確認した後，Bのおはじきをcのように間隔をあけて並べ替えて，AとCではどちらのおはじきが多いのかをたずねる。
①数の保存課題</td><td>AとBのジュースの量が同じであることを確認した後，その場でBのジュースをCの容器に移し替えて，AとCではどちらのジュースが多いかをたずねる。
②量の保存課題</td><td>AとBの粘土の重さが同じであることを確認した後，その場でBの粘土をCの形に変形させて，AとCではどちらの粘土が重いかをたずねる。
③重さの保存課題</td></tr>
</table>

図 4-1 保存の概念についての実験（櫻井，2012）

側面に着目した理論は、まだ学問として体系化されるまでに至らず、個々の研究者の個人的見解として認識されるに留まっていました（森下，2012）。「行動だけじゃなくて、頭のなかのプロセスに着目しないと人間の心理は理解できない」「頭のなかのプロセスだって、科学的に探求可能だ」という新しい考え方が心理学者たちに広く共有されるためには、個々の理論だけでなく、行動主義が打ち立てた「学習とは『刺激』に対する『反応』の変化である」というモデルに代わる、新しいモデルが必要だったのです。

　この新しいモデルを心理学にもたらしたのが、当時著しい発展をみせていた情報処理技術の分野でした。応用数学者のシャノンは、情報を 1 と 0 で符号化し、ビット（bit）という単位にまとめるという、現在のコンピュータの基礎となる「情報処理モデル」を提示しました。この情報処理モデルは認知研究に、コンピュータの情報処理過程になぞらえて人間の認知過程をモデル化するという明確なメタファー（隠喩）を与えることとなりました（森下，2012）。それまであいまいだった人間の認知過程のイメージに対し、人間の認知過程をコンピュータにたとえることで理解するという、明確で新しいモデルが与えられたのです。

　この「学習とは『頭のなか』が変化することであ

図 4-2 コンピュータを用いた認知過程のイメージ

る」という新しいモデルは、「学習とは『刺激』に対する『反応』の変化である」という行動主義のモデルに代わり、学習研究の中心となりました。認知主義の時代が到来したのです。

■■ バイクを学習すること②：認知主義の見解

　さて、この観点から再び、バイクについての学習を考えてみましょう。行動主義の時代とは異なり、認知主義では「頭のなか」でなにかを処理する方法やその仕組みといった、「頭のなか」の変化に着目することで、学習を捉えようとします。この考え方だと、行動主義の時よりもはるかに多くのことが説明できそうです。例えば先ほど説明した「認知地図」だけでなく、安全な車線変更ができるようになるためには「バックミラーや目視での周囲の状況の認知」という「頭のなかでの処理」がうまくなる必要があります。またスムーズな加速・減速ができるようになるためには「クラッチとアクセルの仕組み・操作方法」という知識が必要です。このように、一見バイクに関して生起するあらゆる学習は、「頭のなか」の変化という枠組みで説明できそうな気がします。

　しかし、こうした認知主義的な学習研究にも、徐々に様々な欠点が指摘されていくようになりました。行動主義に対して「行動のみに着目することでは人間というものは理解できないんじゃないか」という反論が為されたのと同じように、「学習とは『頭のなか』が変化することである」というモデルに対して、「それだけでは人間の学習というものは理解できないんじゃないか」という新たな考えが生まれていったのです。

　「学習とは『頭のなか』が変化することである」というモデルは、私たちにとっては非常になじみやすいものです。私たちが日常的に使う「もっと頭つかえよ」や「おまえ頭いいな」というような言葉も、何かしらの問題解決をするということは「頭で考える」ことや「頭を使う」ことで達成されているという、私たちの素朴な考え方を表しています。こうした価値観に慣れ親しんでいる私たちからすると、「学習とは『頭のなか』が変化することである」というモデルに限界があるということはなかなか意識しづらいかもしれません。

では、こうした強固なモデルの限界を示した研究とは、一体どのようなものだったのでしょうか？　ここではハッチンス（Hutchins, E.）の研究を紹介しながら、認知主義のその先へと向かった学習研究についてさらに解説していきます。

■■ 実践現場における認知：「状況的認知」研究

　ハッチンスの研究は、これまで紹介してきた研究と比べて大きな違いがあります。パヴロフやスキナー、トールマン、ピアジェといったそれまでの心理学の研究はその多くが、室温やその他様々なものが完璧に管理された実験室において、様々なことを明らかにしてきました。これに対してハッチンスの研究は、人びとが日常を過ごす多種多様な実践現場において行われたものでした。

　ハッチンスが注目したのは、例えば飛行機のパイロットです（Hutchins, 1995）。パイロットには、飛行機を安全に運行するために、多くの知識や技術が求められます。また天候やその日の機体の状態に合わせて、臨機応変に様々な問題に対処しなければ、飛行機を安全に飛ばすことはできません。

　例えば飛行機の着陸のことを考えてみましょう。飛行機を安全に着陸させるためには、パイロットは飛行機を速すぎもせず、遅すぎもしない、ちょうどいい速度で滑走路に近づけることが要求されます。そして適切な速度が時速何kmなのかは、飛行機全体の重量によって変わります。飛行機が重ければ重いほど、減速するにも時間がかかるため、着陸のための適切な速度も遅くなるのです。そして飛行機の総重量は、その日の乗客数や積荷の程度、残っている燃料の量などによって、その日ごとに変化します。こうした多くの要素を考えに入れないと、安全に飛行機を着陸させられる適切な速度は計算できないのです。

　一体パイロットは、このような多くの要素が絡み合う複雑な計算をどうやって瞬時に処理しているのでしょうか？　ハッチンスは実際にパイロットが、MD-80という巨大なジェット旅客機を着陸させる様子について、現場で詳細な観察を行いました。その結果ハッチンスが導き出した答えは、意外なものでした。簡単に言ってしまうと、パイロットは「膨大な要素が絡み合う複雑な計

算」を瞬時にやってのけていたのではなく、そういう計算を「しなくてもいい」ような環境のなかで飛行機を運行していたのです。

例えば、着陸時の飛行機の総重量です。MD-80 の場合、乗客や積荷の量、燃料などから算出される飛行機の総重量は、実はパイロットが計算しなくても、コックピットに設置されているパネルに表示されるよ

図 4-3　MR-80 のコックピットの様子

うになっています（図4-3 参照）。さらに、この総重量に合った最適な着陸速度は、その都度パイロットが計算しなくても、「スピードカード」というカードにまとめられてファイルに綴じられていました。パイロットは複雑な計算をしなくても、パネルに表示されている総重量を確認した後、ファイルのなかからその総重量が記されたカードを選ぶだけで、適切な着陸速度を導き出すことができるようになっていたのです。

この結果は、第 1 章で紹介したコーヒーチェーン店の話とも重なりますね。コーヒーチェーン店の店員がオーダーを正確に記憶するという課題が、紙コップやペンといった道具を「媒介」とすることで達成されていたように、パイロットが飛行機を着陸させるという課題も、コックピットという環境に用意されたパネルやスピードカードといった多くの道具を「媒介」とすることで達成されていたのです。この研究が行われたのは 1995 年のことですから、現代の最新技術を用いた機体であれば、さらに便利な道具がたくさん増えていることでしょう。

環境との関係性の変化という学習

　この研究結果を前提にすると、「学習」という現象が何を意味するのかについての考えは大きく変わらざるを得ません。認知主義では、学習とは「頭のなかでの処理がうまくなること」と考えました。この考えによれば、パイロットが飛行機の着陸方法を学ぶこととは、「着陸に適切な速度を即座に算出できるようになる」こと、そして「その速度に向けてうまく飛行機を操作するやり方を思い描き、実行できるようになる」ことであるといえます。しかしパイロットによる飛行機の着陸という課題が、周囲の様々な道具と関わり合うことで達成されていたことをみると、この課題の学習には頭のなかの変化だけではなく、身体の外にある様々な道具とうまく関わることが重要になってきます。

　このことを分かりやすくするために、もっと身近な例で考えてみましょう。例えば私たちが学校に行く時、色々な準備が必要になります。その日の時間割に合わせて教科書とノートをカバンに入れるだけでなく、お弁当と水筒はもったか、財布と定期入れはちゃんとポケットに入れたか、鍵は大丈夫だろうか、スマホはもったか、充電器はカバンに入れたか、イヤホンはどこだといったように、その日1日を快適に過ごすためには小さなものから大きなものまで、た

**図 4-4　忘れ物防止のチェッ
　　　　クリスト**

くさんのものをもって家を出る必要があります。この時、私たちにとっては「忘れ物をなくす」ということが、学習しなければならない重要な課題となります。

　この学習課題を達成するために、例えばどのような工夫が必要となるでしょうか？　最もポピュラーな方法は、自分の部屋や家のドアに、忘れ物のチェックリストを作って貼っておくことではないでしょうか（図4-4参照）。みなさんの家にも、家族の誰かが作ったこういうチェックリストがどこかに貼られているかもしれません。

　この時、ドアにチェックリストを貼ることによって忘れ物を防止できるようになったとしても、私たちは

「頭のなかでの処理がうまくなる」という意味では何も学習していません。むしろ、たくさんの持ち物1つ1つのことをその都度「考えなくていい」ようにするために、チェックリストを作成したのです。また、チェックリストを「ドアに貼る」というのも、万が一チェックリストのことを忘

図4-5　高速道路上の情報

れてしまっても、部屋を出る時に自然に目に入る位置にチェックリストがあれば大丈夫だろうという、「考えなくていい」ようにするための工夫です。しかしこの工夫によって、忘れ物をしなくなったとすれば、その成長は立派な「学習」だといえるでしょう。

　このような例は、私たちの生活のあらゆる場所にあふれています。もちろんバイクに乗る時も例外ではありません。例えば高速道路を走る時、私たちは道順の全てを完全に記憶し、考えて運転しているわけではありません。高速道路では様々な道路標識が、目的地までの道筋や、分岐をどちらに行けばいいのか、出口までの距離などを教えてくれます。また、電光掲示板や路面に描かれた標示は、天候や急カーブなど、走行に際して注意が必要な情報を与えてくれます（図4-5参照）。私たちはそれを頼りに走ることで、いろいろなことを「考えなくていい」ようにしています。バイクの運転がうまくなることとは、このような様々な道具や環境との関係性なしには説明できない現象なのです。

　以上のように考えると、私たちの学習には「頭のなかでの処理がうまくなる」ということ以外にも、頭の外にある道具との関係が重要な意味をもちそうだということが分かってきます。パイロットの場合は、頭の外にある道具を媒介として、様々な複雑な課題をこなしていました。また私たちの日常生活に目を向けてみると、私たちはチェックリストを作成してドアに貼るといったよう

に、道具や環境を作り変えることで、生活がうまくいくように工夫していました。どうやら行動主義の時と同じく、認知主義のように頭のなかの仕組みだけで、私たちの学習を説明することにも、限界がありそうです。

■■ レイヴ＆ウェンガーの「正統的周辺参加」研究

　この時重要なのは、私たちが道具を使ったり環境に手を加えることによって「頭のなかでの処理」がうまくなっているわけではない、ということです。私たちは忘れ物をしないように、ドアにチェックリストを貼りますが、ドアにチェックリストを貼ることで「忘れ物についての頭のなかでの処理がうまくなる」わけではなく、むしろ「頭で考えなくてもいい」ように環境を作り変えています。つまり学習とは「環境と関わる」ことによって「頭のなかでの処理がうまくなる」ことなのではなく、「環境を作り変えた」こと自体が学習であるといえそうです。

　ではこのような、頭の外にある道具や環境との関わり方としての学習は、どのように進んでいくものなのでしょうか？　レイヴ（Lave, J.）とウェンガー（Wenger, E.）は様々な学習が求められる実践現場に目を向け、そこでの学習過程を詳細に書き留めていくことで、学習研究のあり方を大きく変えました。

　レイヴらが着目したのは、様々な実践現場において、初心者がどのようにそこでの仕事を覚えていくのかでした（Lave & Wenger, 1991 佐伯訳 1993）。そしてこの過程をみるためにレイヴらが採用したのは、それまでの実験室的なアプローチではなく、産婆（今でいう助産師）や服の仕立て屋といった伝統的な職業から海軍、スーパーマーケットの肉売り場まで、様々な実践現場における日常を観察するという、文化人類学的なアプローチによる研究成果を活用したものでした。

　その結果分かったことは、そこでの学習が、「実践へいかにアクセスできるか」という問題と大きく関わっているということでした。例えば西アフリカのヴァイ族・ゴラ族の服の仕立て屋の例（Goody, 1982）では、新人は平均して5年間ほど、親方の下で弟子として働くことになっていました。この期間、親方

と弟子たちは常に、オープンな広い作業場で共に作業を行っていました。新人ははじめのうちは、ボタンをつけるといった比較的簡単な作業しか任せてもらえないのですが、この作業は同時に、親方や先輩が作っている服の一部を自分も作るという、1着の服を作る分担作業の一環となっていました。また同じ作業場で生活することで新人は、ボタンつけのような簡単な作業をしている間も、ずっと親方や先輩たちの作業を見ることができ、「どのように服ができあがっていくのか」「完成した服はどのような構造になっているのか」を観察することが可能になっていました。一緒に作業をするオープンな空間が、親方たちが作っている服に自分も作り手として関わったり、また服が作られる過程やそのための作業を間近で観察したりすること、つまり「実践へのアクセス」を可能にしていたのです。

　対して、スーパーマーケットの肉加工職人の学習は、この「実践へのアクセス」の点で、服の仕立て屋とは異なっていました（Marshall, 1972）。この研究で取り上げられたスーパーマーケットでは、ある職人は、他の場所から隔離された閉鎖的な部屋で肉をラップするだけの作業をさせられていました。服の仕立て屋の例とは異なり、親方や他の職人の作業を観察したり、1つの作業を分担したりするということが不可能になっていたのです。

　その結果、どういうことが起きていたのでしょうか。ある日、別の従業員が、売り場での肉のトレイの並べ方がおかしいことに気づき、この職人に、肉を他の職人たちのところに戻すように頼みました。それに対してこの職人は、他の職人が肉の加工を行っている作業場について、「あそこにいると何をしていいかまるでわからない」ので、長い間その作業場には入っていないと伝え、「肉のカッティングについてあそこの連中はすごくわかっているが、私はなんにも知らない」と語りました（同上）。つまり、一緒に何かを作ったり他の職人の作業を観察したりできないという環境が、職人にとっては「実践へのアクセス」が不可能な環境となっており、それがこの職人を学習から遠ざけていたのです。

　このような「実践へのアクセス」という観点から様々な学習過程を詳細にとらえたレイヴらは、様々な学習には共通する道筋があることを見出しました。

まず、初心者が最初に取り組む課題は、服の仕立て屋におけるボタンつけのような、比較的初歩的な課題となっていました。そしてこの課題は、初歩的であるだけでなく、そこでの実践に不可欠なものとなっていました。ボタンをつけることは初心者でも比較的簡単にできることではありますが、しかしボタンをつけないと服は完成しません。そういった意味で、初心者ははじめからその現場での「正統的」な活動に、その一員として関わっており、そういった作業を通して徐々に一人前になっていたのです。このような学習の過程を、レイヴらは「正統的周辺参加」と名づけました。どのような活動でも、初心者は初歩的ではあるが正統的な活動に関わり、それを通して一人前になっていくのだと考えたのです。

　この考え方は、それまで個人の「行動」や「頭のなか」について考えることが中心だった学習研究に大きなインパクトを与えました。なぜならこの研究は、それまでの学習研究のように学習者個人の変化を考えるのではなく、学習者とその場の環境や社会的な実践との関わり方に目を向けるという、根本的な視点の変化を提案していたからです。

　このような、社会的実践との関わり方に目を向けた研究は、学習研究の第3の時代を作っていくこととなりました。「状況的学習論」の到来です。

学習研究の第3世代

■■ 学習とコミュニティ ■■

■ 状況的学習論とは

「正統的周辺参加」論に影響を受けた学習研究は、「状況的学習論」という考え方を生み出しました。この名称には、学習というのは、その場の環境や人間関係を含むような「状況」から切り離して考えることのできない、社会的な現象だ、という考え方があらわれています。

今、学習は社会的な現象だ、と一言でさらりと書きましたが、これは学習研究、そして心理学の研究にとって、とてつもなく大きな考え方の転換を表しています。この点について、さらに詳しく考えていきましょう。

一般的に、学習というのは、何かについての知識が増えたり、何らかの技術が向上したりといった、個人が何かを「獲得」するような変化としてイメージされます。みなさんが何かを勉強したり、何かを練習したりする時に目指すものも、この「獲得」というイメージがぴったりくるでしょう。私たちが学校で求められてきた学習も、「獲得」というイメージに沿ったものが多かったのではないでしょうか。

これに対して状況的学習論では、個人が何かを獲得するといったような個人的な変化ではなく、社会的な現象に目を向けます。服の仕立て屋が初心者から一人前の職人へと成長する時、最も重要な変化は「一人前の職人」になることであり、知識や技術の「獲得」ではない、と考えるのです。もちろん一人前になるためには知識や技術も必要なのですが、それは一人前の職人になるという変化のなかの一側面に過ぎない、と状況的学習論では考えます。つまり状況的学習論の研究者たちは、それまで学習の本質と考えられてきた個人の「獲得」は、実は「一人前になること」という社会的な変化の結果現れる副産物に過ぎないのではないか、と考え始めたのです。

では、「獲得」が学習ではないとしたら、状況的学習論では学習をどのように捉えるのでしょうか？　先ほども言った通り、状況的学習論は「一人前にな

る」、つまりある実践に欠かすことのできない、社会的な重要性をもった存在になることを重視します。この「一人前になる」過程を、状況的学習論では「コミュニティへの参加」と呼びます。コミュニティとは、ある目的や価値観を共有した集団のことをいいます。服の仕立て屋であれば、1つのお店をコミュニティと捉えることもできるし、服の仕立てという業界全体をコミュニティととらえることもできますが、いずれにせよ職人は、初歩的な作業から徐々に重要度の高い作業を任されるようになり、「この人がいなくなっては困る」という存在へと変わっていきます。この時、最も重要な変化は、職人個人が知識や技術を「獲得」していることではなく、そのコミュニティにとって「いなくなっては困る」存在へとなっていくことであり、そういうふうにコミュニティに参加していくこと、コミュニティとの関係性が変化していくことが学習の本質である、と考えるのが状況的学習論なのです。

■ コミュニティへの参加としての学習：
ヘビメタ愛好者の音楽知覚

　学習をコミュニティへの参加として捉えると、学習についての考え方は大きく変わります。行動主義は「学習とは『刺激』に対する『反応』の変化である」と考え、認知主義は学習を「学習とは『頭のなか』が変化することである」と考えましたが、こういった考えに比べて、状況的学習論が考える学習は、はるかに広い内容を含んでいます。コミュニティに参加し、そのコミュニティにとって欠かすことのできない1人になる過程は、知識や技能の習熟だけでなく、「私とはどういう人間なのか」「私が他の人と違うところは何なのか」といったアイデンティティの変化をも含むからです。このような「全人格を巻き込む」（Lave & Wenger, 1991 佐伯訳 1993）学習を捉えた例として、ここではあるコミュニティに焦点を当てた実験を紹介します。この研究では、多くの特徴的な文化をもつことで知られる、1つの音楽ジャンルを愛好する人びとに焦点を当てています。

　ある音楽ジャンルとは、「ヘビメタ」です。「ヘビメタ」は「ヘビーメタル」

の通称で、攻撃的な衣装や悪魔崇拝的な世界観の歌詞など、様々な際立った性質をもちます。分かりやすい例として、図5-1に著名なヘビーメタルバンド「Anthrax」のライブ中のイラストを掲載しました（ちなみにanthraxは「炭疽」という病気を意味する単語です）。この写真で確認できる、攻撃的なヘアスタイルや鋭利なデザインのギター、大仰なドラムセットなどは、いずれもヘビーメタルバンドを特徴づける要素です。その性質はサウンド面にも現れており、深く歪んだギターや、重低音を強調した音作り、バスドラムを2つ用いるドラムスなどが特徴とされます。一方で、こうした特徴的なサウンドによって、一般に「どれを聴いても同じ曲に聴こえる」と揶揄されることもあり、私自身、ヘビメタを聴き始めた時は曲やバンドの違いが分からず、困惑したことを覚えています。

図5-1　Anthrax のメンバー

ここで紹介する研究（新原・有元, 2010）では、ヘビメタを愛好する「メタラー」と呼ばれる人びとが、そのような「同じ曲に聴こえる」楽曲たちの違いをなぜ知覚できているのかを明らかにするために、ある実験を計画しました。実験では参加者に、以下のような教示が与えられました。

　「いま、パソコンの画面上に、ある曲のサウンドデータが 15 個貼り付けられています。あなたは、その曲を聴いた上で、このデータをいくつかのグループに分類し、それぞれのデータをパソコンの画面上で移動させ、グループごとにまとめてください。曲は最後まで聴かなくて結構です」

　この実験の結果を示したのが図 5-2 です。左のメタラーたちの分類結果をみると、②④⑤⑨⑭という 5 つの曲を同じグループに分類した参加者が、5 人中 4 人いたことが分かります。右のメタラーではない参加者（非メタラー）の分類結果には、そのような一致はみられません。この結果から、メタラーはヘビメタの楽曲たちの違いを知覚することができるのであり、その知覚の仕方はメタラー間ではある程度一致しているということが分かります。

　ではこのような楽曲の違いの知覚は、どのようにして可能になっていたのでしょうか？　実験後に、参加者に分類の理由をインタビューした際の言葉の一部を図 5-3 にまとめました。ここでメタラーたちに多く語られたのが、「ネオクラ」「メロスピ」「デス」などの耳慣れない用語です。実はこれらの用語は、ヘビメタをさらに細かく分類したサブジャンルを表していて、それぞれ「ネオ

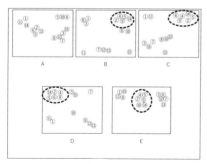

メタラー群による分類の結果

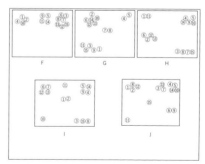

非メタラー群による分類の結果

図 5-2　ヘビーメタルの知覚分化実験の結果

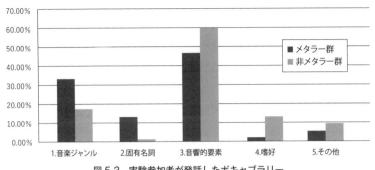

図 5-3　実験参加者が発話したボキャブラリー

クラシックメタル」「メロディックスピードメタル」「デスメタル」を意味して
います。こういった音楽ジャンルを表すようなボキャブラリーは、非メタラー
のインタビューではほとんど見られませんでした。

　この時、メタラーが楽曲分類の際の手がかりとしたサブジャンルは、彼らが
音楽を聴き、その特徴を知覚するための心理的な道具であると考えることがで
きます。この心理的な道具は、彼らがヘビメタを愛好し続けるなかで、副産物
として獲得したものです。ヘビメタを愛し、ヘビメタを学ぶこととは、必ずし
も楽曲を細かく聴き分けるためのものではありませんが、しかし他のメタラー
とヘビメタ愛を共有し、コミュニケーションすることは、こうした細かいサブ
ジャンルについて詳しくなることと切り分けられることではありません。

　このように、「同じジャンルの音楽を愛する」という実践に参加することと
は、その実践に参加しない人とは異なる心理的道具を共有し、異なる音楽の聴
き方をするということなのです。この実験ではヘビメタのみに焦点を当ててい
ますが、このことはおそらく他のジャンルでも共通の現象であり、ヒップホッ
プでもレゲエでもクラシックでも、そのジャンルの実践の参加者は、他の人た
ちとは異なる用語や概念、観点のような心理的道具を共有しており、他の人た
ちは注目しない音楽的な要素に注目し、その「よさ」についてコミュニケー
ションをしているのだと考えられます。このことは、ヒップホップの生みの親
の1人、DJ クール・ハークの次の言葉にも色濃くあらわれています。

「DJ、ブレイキング、MC、グラフィティと、ヒップホップには4つの要素があるといわれている。しかし俺は、もっと多くの要素—歩き方、話し方、見た目、コミュニケーションの取り方—もヒップホップに含まれると考えている」（DJ Kool Herc, 2005 押野訳 2016）。

　さらにいえば、これは音楽のみに限った話でもありません。例えばアニメを愛する人たちであれば、「フラグ」や「腐要素」といった初心者には分からない観点から、初心者とは違った見方でアニメの「よさ」を語るでしょう。プラモデルが好きな人は、私たちが分からないような細部にまで気を使ってプラモデルを作るだろうし、他の人の作品についても私たちが全く分からないような「よさ」を見つけてそれを評価するでしょう。学習が進むことで「よさ」がわかってくるということは、言い方を変えると、世界の見え方が違ってくるのだ

ということです。このように、あるコミュニティに参加するという学習は、様々な心理的道具を共有していくことによって、世界の見え方や、世界をどう見るのかという方法までもが大きく変わっていくようなプロセスであるということができます。

　このことは当然、バイクを学ぶこ

図5-4　様々なバイク

とにも関わってきます。例えば私のようなバイクを全く知らない素人から見ると全く同じように見えるバイクでも、バイクに詳しい人が見れば細かい構造の違いやカスタムのこだわりなどの「よさ」に気づくでしょう。あるいは、例えばアメリカンタイプのバイクに乗る人や、カフェレーサーのようなカスタムをする人、オフロードを走ることが好きな人など、バイクにも様々なジャンルがあります（図5-4参照）。これらのジャンルは、「バイク好き」という同じコミュニティであると考えることもできるし、それぞれ別のコミュニティであると捉えることもできますが、別のコミュニティであると捉えると、そのコミュニティでかっこいいとされるファッションや、走りたい道など、そこで共有される「よさ」や、その「よさ」を知覚するための心理的道具の様子などにも様々な違いがでてくるでしょう。バイクの学習とは、知識や技術が増えていくだけではなく、バイクを愛する人びとのコミュニティに参加していくなかで世界の見え方が変わり、そのような「よさ」を分かっていくような、大きな変化を伴うものだ、ということができるでしょう。

■ バイクを学習すること③：状況的学習論の見解

　ここまで、「バイク」のような「興味はあるけど知識が全くない分野に対し、どう接していけばいいか」という質問者の質問について考えるため、心理学における学習研究の歴史を行動主義、認知主義、状況的学習論という3つの時代として整理し、大まかにその流れを見渡してきました。ここで扱った学習研究の3つの観点—行動主義、認知主義、状況的学習論—はそれぞれ、「学習とはなにか」について考えるための、異なる視点を与えてくれます。言い方を変えると、行動主義、認知主義、状況的学習論のどの立場に立つのかによって、「学習するとはどういうこと」「バイクについて学習するということは何を意味するか」についての考え方が大きく異なってきます。

　第1の観点である行動主義の立場にたつと、バイクを学習するということは、「刺激」に対する「反応」を変化させるということであり、「こういう時はこうする」「こうなったらこう行動する」という行動のパターンを獲得してい

くことであるということになり、そのためには反復練習が必要であるということになります。しかし既に述べたように、このような学習の捉え方では、頭のなかでなにかの仕組みや構造を理解するといった学習過程については説明できません。

　これに対して第2の観点である認知主義の立場では、「頭のなかの変化」として学習を捉えようとしました。目的地まで到達するための「認知地図」や、安全な車線変更のための「バックミラーや目視での周囲の状況の認知」という「頭のなかでの処理」、スムーズな加速・減速ができるようになるための「クラッチとアクセルの仕組み・操作方法」という知識など、バイクをよりうまく運転できるようになるためには、頭のなかでの構造や情報の処理や知識といった、頭のなかの変化が欠かせません。この観点にたつと、バイクを学習するために必要なのは、そうした頭のなかの処理がうまくなるために練習をしたり、バイクの仕組みや地図、交通ルールのような必要な知識を勉強したりすることだといえます。このような学習は一見、学校での授業や試験のための勉強の場面を思い起こさせます。こうした勉強によって、「頭のなか」に知識を蓄えたり、「頭のなか」での処理の精度を高めたりすることが、バイクを学習するということであるということになります。

　しかし第3の観点である状況的学習論は、こうした「頭のなか」の変化のみで学習を捉えることはできないということを指摘しました。「頭のなか」の何かを変えるのではなく、忘れ物リストを作成することで忘れ物チェックを簡素化するといったように、頭の外の道具や環境に働きかけることも重要な学習なのではないかと考えたのです。バイクの場合、道路標識や路面の道路標示によって、私たちはいろいろなことを「考えなくてもいい」ようになるのであり、そうなることもバイクに関する極めて重要な学習であるといえます。このように状況的学習論では、頭のなかの変化だけでなく、周りの道具や環境との関係性の変化が、学習において重要な意味をもつと考えました。

　状況的学習論は、こうした道具や環境との関係性の変化が、あるコミュニティに学習者が参加する過程で生じると考えました。その過程で学習者は、そのコミュニティ独特の概念のような心理的道具を共有し、そのコミュニティに

属しない人とは異なる世界の見方をし、「よさ」を他の参加者と共有していくようになります。このような状況的学習論の観点から考えると、バイクを学ぶこととは、「バイクを愛好する人びと」というコミュニティに参加し、徐々に深くかかわっていくことであると考えることができます。またその過程では、バイク愛好者のコミュニティ独特の心理的道具を共有し、バイクを知らない人にはわからない「よさ」が徐々に分かっていくという過程が生じるでしょう。

　ここでいうコミュニティへの参加は、あるバイクサークルに所属するといったような、制度的な組織への加入も意味しますが、それだけを指すのではありません。例えばほしいバイクを吟味するために、あなたはインターネットの中古バイクサイトを閲覧するかもしれません。またより安全にバイクを選ぶために、中古バイクを買う際の注意点を調べたりもするでしょう。バイクを買うよりも前に、SNSでバイク愛好者の投稿を検索するかもしれません。その過程では常に、そこにある情報を介してコミュニケーションが生じています。こうした過程を通じて、あなたは様々な情報やその情報の見方、バイク愛好者特有の価値観にふれることになります。このような過程も、バイク愛好者のコミュニティに参加する過程の一環であるといえるのです。

　ここまで読んで、鋭い人は「待って、それって認知主義のところで言ってた勉強となにが違うの？」と感じたかもしれません。その通り、今言った過程には、いわゆる勉強のような行為も含まれます。既に述べた通り、状況的学習論では知識や技術の獲得は「コミュニティへの参加」としての学習の副産物として生じるに過ぎないと考えます。コミュニティへの参加の過程では、1人でする勉強や、反復練習のような過程も生じます。しかしこうした過程は、全てコミュニティへの参加の過程で生じる副産物的なものであり、学習の最終目的ではないと考えるのが状況的学習論なのです。状況的学習論の観点から考えた場合、学習はあくまでコミュニティにより深く参加していくことであり、勉強や反復練習はその過程で必要となる行為の一環に過ぎません。

　もう1つ重要なことは、コミュニティへの参加として学習を捉えた場合、それはゴールのない活動であるということです。様々なことを知り、バイクの「よさ」がはじめのころよりも分かってきたとしても、その先には更なる「よ

さ」があります。今よりかっこいいバイクにするための改造、今より洗練されたファッション、自分よりもバイクがライフスタイルに深く関わっている人の生き方など、様々な「よさ」にはゴールがありません。バイクに限らず、なにかを学ぶこととは、こういった「よさ」を追求していく、生涯を通じた参加の過程でもあるといえるでしょう。

[引用・参考文献]

DJ Kool Herc.（2005）. Introduction. Chang, Jeff. *Can't stop won't stop*. St. Martin's Press, LLC.（チャン, J. 押野素子（訳）（2016）. ヒップホップ・ジェネレーション　リットーミュージック）

Goody, E.（Ed.）（1982）. *From craft to industry*. Cambridge: Cambridge University Press.

Hock, R. R.（2002）. Forty studies that changed psychology, Pearson Education.（ホック, R. R.　梶川達也・花村珠美（訳）（2007）. 心理学を変えた40の研究　ピアソン・エデュケーション）

Hutchins, E.（1995）. How a cockpit remembers its speeds. *Cognitive Science, 19*（3）, 265-288.

小泉晋一（2012）. 行動主義はどのように始まったか　サトウタツヤ・鈴木朋子・荒川歩（編）　心理学史（pp.24-25）　学文社

Lave, J. & Wenger, E.（1991）. *Situated learning -Legitimate peripheral participation*. Cambridge University Press.（レイヴ, J.・ウェンガー, E. 佐伯胖（訳）（1993）. 状況に埋め込まれた学習——正統的周辺参加——　産業図書）

Marshall, H.（1972）. Structural constraints on learning, in Geer, B.（ed.）, *Learning to work*. Beverly Hills, CA: Sage Publications.

森下覚（2012）. 認知心理学はどのように始まったか　サトウタツヤ・鈴木朋子・荒川歩（編）　心理学史（pp.28-29）　学文社

櫻井茂男（監）黒田祐二（編）（2012）. 実践につながる教育心理学　北樹出版

新原将義・有元典文（2010）. 音楽知覚の分化に関する一研究——ヘビーメタル・ミュージックを主題として——　横浜国立大学大学院教育学研究科教育相談・支援総合センター研究論集, *10*, 137-151.

Tolman, E. C.（1932）. *Purposive behavior in animals and men*. Appleton-Century.

Watson, J. B.（1913）. Psychology as the behaviorist views it. *Psychological Review, 20*, 158-177.

第 3 部

コミュニケーションとは何か

── 個人主義と行動主義の限界 ──

コシュカとは何ですか？

なぜコミュニケーションを学ぶのか

■■ コミュニケーション学の 2つのロジック ■■

この章で考えていきたいのは、こんな質問です。

> コミュ力とは何ですか？　具体的に知りたいです。自分はもっと女子と話せるようになりたいです。

　今の若者にとって、「コミュ力」はとても重要なトピックのようで、この他にも「コミュ障の改善方法」についてなど、コミュニケーションについての様々な質問が寄せられました。なお、「コミュ力」と「コミュニケーション能力」という2つの言葉ですが、ここでは分かりやすくするため、ひとまずほぼ同じ意味のものとして扱っていきたいと思います。

　この質問に答えることは、容易なことではありません。なぜなら、「コミュニケーション」という言葉には様々な意味が含まれているからです。岡部(1993) によると、1976年に出版されたDance & Larsonの著書では、コミュニケーションという言葉の定義が126も挙げられていました。言い方を変えると、このように数多くの意味をもち得るほどに、この言葉は私たちの世界の様々な場面に関係していて、私たちは様々な方法でコミュニケーションについて考えさせられている、といえるのではないでしょうか。

　そんなコミュニケーションについて考えるにあたって、本章でもまず、コミュニケーションの基礎知識から概説していきます。

■■ コミュニケーションの基本原理

コミュニケーションとは何かを定義することはなかなか容易なことではあり

ません。ここでは、一言でコミュニケーションとは何かを定義する代わりに、「コミュニケーションとはどういうものなのか」を、いくつかの点に絞って解説していきます。

　石井（1993）は、コミュニケーションの基本原理として、以下のような6点を挙げています。

①　コミュニケーションは相互行為の過程である。

　　コミュニケーションをする時には、常に相手がいます。この相手と一緒に作り上げているのがコミュニケーションであるということです。これは、お互いが分かり合うことがコミュニケーションであるということではありません。例えば相手の言っていることが理解できなかったとき、私たちは少し首をかしげたり、眉をひそめたりし、そうすることで「話し手が言っていることを、聴き手が理解できていない状況」が立ち現れます。このように、その場がどういう場なのかを一緒に作り上げていく過程がコミュニケーションなのです。

②　コミュニケーションは意識レベルと無意識レベルの両方で成立する。

　　例えば、ある人があなたに「たいしたことじゃないんだけど、ちょっと相談があるんだ」と言ってきたとしましょう。その人が伏し目がちで、両手を固く握り、声を震わせていたとしたら、あなたは本当に、その人の相談内容が「たいしたことじゃない」と考えるでしょうか？　このように、コミュニケーションは意識して伝えようとしたメッセージだけではなく、無意識に伝わってしまうメッセージも含めて進行します。特にこのような、意識レベルや言葉の内容だけに留まらないコミュニケーションの側面は、「非言語的コミュニケーション」と呼ばれています。

③　コミュニケーションは不可逆的である。

　　コミュニケーション場面において、相手に何かを伝えた場合、それを元の状態に戻すことは不可能です。一度発言した内容を、その後修正しようとしても、それは相手に新たなメッセージを送るということであり、発言する前に後戻りできるわけではありません。

④　コミュニケーションは動的である。

コミュニケーション場面は常に変化し続けます。例えば集団での話し合いが、意見がまとまらなくて停滞しているように見えても、お互いの息遣いを感じたり、互いの顔色をうかがったりといったように、そこでは何らかの相互行為が進行しているのです。

⑤　コミュニケーションは組織的である。

　私たちがコミュニケーションをとる時、そこには様々なルールや慣習が関わります。例えば高校の先輩とコミュニケーションする場合、「先輩」と「後輩」という制度的な関係性がそこでのコミュニケーションに影響を与えます。また同時に、私たちは敬語を使ったり、相手を「さん」付けで呼んだりといった具体的な行為によって、「先輩」「後輩」という関係性を常に作り続けます。このように私たちのコミュニケーションは常に、様々なルールや慣習と組織的に関連し合って進行するのです。

⑥　コミュニケーションは適応の性格をもつ。

　誰かとコミュニケーションをとる過程では、多くの場合、その場の状況に適応することが必要となります。意図するとせざるにかかわらず、相手の様子やその場の条件など様々な要素に合わせ、その場に適した形でメッセージを伝えようとするのが、コミュニケーションであるといえるでしょう。

■ 「コミュニケーション至上主義」の社会

　コミュニケーションを「学びたい」という声は様々な場所で聞きますが、コミュニケーションを「学ばなければならない」という声も同様に、あちこちで聞かれるようになっています。例えば「日本経済団体連合会（経団連）」が実施している「新卒採用に関するアンケート調査」では、2018年度の時点で、選考で重視している点として「コミュニケーション能力」が16年連続で1位となっています。また経済産業省が2006年に提唱した「社会人基礎力」では、「他人に働きかけ巻き込む力」や「多様な人々とともに、目標に向けて協力する力」を、「職場や地域社会で多様な人々と仕事をしていくために必要な基礎

的な力」として重視しています。

　小学校や中学校、高校では、かなり前からコミュニケーション能力の育成は大きな課題となっていたのですが、こうした経済界・産業界の要請を受けて、最近ではコミュニケーション能力の育成に力を入れる大学が急増しています。2012年の文部科学省の調査によると、全国の76％の大学で、コミュニケーション能力、課題発見・解決能力、論理的思考力等の能力の育成を目的とした授業科目が開設されています。またこれに関連して、近年「初年次教育」と呼ばれる授業科目が大学1年生を対象として多くの大学で実施されるようになっていますが、こうした授業でもその多くが、コミュニケーション能力の育成を目標の1つとしています。

　さらに、こうした動きは学校内だけに留まるものではなく、学校外でも様々な企業や実践家がコミュニケーション能力を育成するためのプログラムを提供しています。例えば、「日本コミュニケーション能力認定協会」なる団体は、「コミュニケーション能力認定講座」というような名称の講座を開講しています。ほかにも、企業が実施する「コミュトレ」なる講座もあります。こうした

図6-1　「コミュニケーション能力」のGoogle検索結果

図6-2 「コミュニケーション学」の関連書籍

講座は枚挙に暇がありません。試しに、パソコンやスマホでブラウザを立ち上げ、「コミュニケーション能力」と検索してみてください。上記のような講座や会社が山ほど出てきます。

また研究領域においても従来、コミュニケーションは心理学だけでなく、社会学や言語学など、様々な領域において重要な研究領域となっています。特に近年では、こうした諸領域が集まった「コミュニケーション学」という新たな学問領域が注目を集めています。このように、昨今社会や教育、そして研究といった様々な方面から、コミュニケーション、そしてコミュニケーション能力の育成というトピックに注目が集まっているのです。私たちが生きるこの世界は、「コミュニケーション至上主義」の世界であるともいえそうです。

なぜコミュニケーションを学ぶのか？

さて、この章の冒頭で取り上げた質問は、「コミュ力とは何ですか？」というものでした。続けて「自分はもっと女子と話せるようになりたいです」と書かれていることから、この学生さんはおそらく「コミュ力」というものを「高めたい」のであろう、と推測できます。このことについて考えるために、この章ではここまで、コミュニケーションとはどういうものなのか、そして現代社会でコミュニケーション能力がどれほど注目を集めているのか、コミュニケーション能力育成の実践がどれほど広まっているのかについて、簡単に解説をしました。

以上の解説を経て、ここから「コミュニケーション能力を高めるためにはど

うしたらいいか」について解説を始めることも可能です。しかしここでは、遠回りに見えるかもしれませんが、あえていったん視点を変えて、「コミュニケーションを学ぶ意味はなにか」について考えていきます。なぜなら、何かを学ぶ時には、「なぜそれを学びたいのか」「どのようにしたらそれを学べるのか」ということ以上に、「学ぶということの意味」、すなわち「なぜそれを学ぶ必要があるのか」という問いが重要になってくるからです。

　既に述べたように、近年、コミュニケーションを対象とした研究領域として「コミュニケーション学」という新たな学術領域が注目を集めています。コミュニケーションを考える学問なわけですから、この学問がなぜコミュニケーションを学ぶのかを考えることは、どうやら私たちが「コミュニケーションを学ぶ意味は何か」を考えることにもつながりそうです。

■■ 第1の視点「適応のロジック」

　コミュニケーション学が掲げる「コミュニケーションを学ぶ目的」には、大きく分けて2つの考え方があります。1つ目の考え方は、このような文章に色濃くあらわれています。

> 「海外旅行、留学、衛星放送、国際会議、海外派遣など世界が狭くなった。経済も瞬時に世界を駆けめぐる。国際化時代と言われ、こうした政治・経済・文化の交流が進む中で、他の国（および人）との無用の摩擦を回避するためにも、異文化との接触、理解、交流のスキル（技能）としてのコミュニケーションが求められている。（中略）このような現代にあって、われわれは従来のような自己流のやり方で事柄に対応するだけでは、不適切、不十分、不適応を生ずるだろう。組織的にコミュニケーションの何たるかを学ぶことによって、現代という時代に適切に対応することができるといえよう」（植村, 2000 pp.12-13)

　この文章にあらわれている考え方は、以下のように要約できます。「国際化が進んで、多様な人々とやりとりする機会が増えているから、それにうまく適応するためにコミュニケーションを学んでおく必要がある」。またここでは

「無用の摩擦」や「不適切、不十分、不適応」を回避するためにコミュニケーションの「スキル（技能）」を学ぶ、という展開になっていることも興味深いポイントです。

　このように、「コミュニケーションを学ぶ目的」の１つ目の考え方では、複雑化する世界への「適応」の必要性が強調されます。こうした考え方を、ここでは「適応のロジック」と呼びたいと思います。この考え方では、「スキル（技能）」を修得することが円滑なコミュニケーションにつながる、とされる傾向があります。

　「適応のロジック」のような考え方は非常に一般的なものです。例えば文部科学省に「コミュニケーション教育推進会議」が設置された際の以下の文言も、同じような考え方に基づいていると考えられます。

> 「国際化の進展に伴い、多様な価値観を持つ人々と協力、協働しながら社会に貢献することができる創造性豊かな人材を育成することが重要です。（中略）このような状況を踏まえ、子どもたちのコミュニケーション能力の育成（以下、コミュニケーション教育）を図るための具体的な方策や普及のあり方について調査・検討を行うため、『コミュニケーション教育推進会議』（以下「推進会議」という）を設置します」（文部科学省, 2010）

　この「適応のロジック」には、多くの人が納得するでしょう。たしかに、私たちが生きる世界はますます情報の流れがスピーディーになっていくと予想されます。様々な国や背景をもった人と顔をあわせたり、あるいはインターネットを介して意思疎通を図らなければならない機会はどんどん増えていくことでしょう。こうした状況のなかでうまく生きていくためにコミュニケーションを学ぶのだ、というコミュニケーション学の「適応のロジック」は、一見とても明快なものに思えます。

　しかし、この「適応のロジック」には大きな落とし穴があります。世界がもしも悪い方向に変わってしまった場合でも、私たちはそれに抗うことなく、適応し続けるしかなくなってしまう、という問題です。

世界は変わり続けますが、いつも良い方向に変わり続けるわけではありません。もちろん、良い変化か悪い変化かを独断的に決めることはできません。しかし、例えば今（2020年現在）の世界情勢は「分断の時代」と呼ばれ、マイノリティや貧困層の人びとがますます不当に抑圧されようとしていることに多くの人が疑問の声をあげています。私たちはこのような、好ましくない社会の変化に対しても、なお適応しなくてはならないのでしょうか。「なぜコミュニケーションを学ぶ必要があるのか」の答えを、「適応のロジック」だけに求めてしまうと、「学ぶということの意味」とは、こうした良くない変化に対しても抵抗せずにうまく順応するためだけのものになってしまい、私たちは世界の変化にひたすら従い続ける、窮屈な生き方をするために学ぶのだ、ということになってしまいます。

　私たちは、世界に適応するためだけにコミュニケーションを学ぶのでしょうか？　このような考え方に対して、板場・池田（2011）は次のように警告しています。

　　「たしかに、昨今の『コミュニケーション』という言葉の流行からすると、個人のコミュニケーション・スキルを磨けば人生がうまくいくかのような気にはなる。しかし、私たちはそのような誘惑に負けてはならない。コミュニケーションとは特定の個人の人生に資する場、一部の人びとの立身出世や経済的成功のための場ではないからであるし、また、そうであってはならない。このような立場に立って初めて私たちは、コミュニケーションを学問することができるのだ。」（板場・池田，2011 p.3）

　さらに板場は、「コミュニケーション学とは、有能なコミュニケーターを育成し、成功をおさめさせることを支援する学問ではないのだ」（同上）とも述べています。ここでは、「適応のロジック」のような、コミュニケーションを学ぶ目的を「個人の利益」にのみ求める考え方が批判されています。もちろん「適応のロジック」は完全に間違っているわけではないし、必要なものでもあるのですが、「学ぶということの意味」をより適切に捉えるためには、どうや

ら「適応のロジック」だけでなく、別の視点も必要になりそうです。

■■ 「適応のロジック」と個人主義

　「適応のロジック」のみに留まらない、そして「適応のロジック」の不備を補うような「コミュニケーションを学ぶ目的」とは一体なんでしょうか？それを考えるためには、「適応のロジック」の欠点を明らかにする必要があります。これまですでに、「なぜ適応のロジックだけではだめなのか」については説明をしましたので、次に「適応のロジックはどのようにだめなのか」を考えていきましょう。

　「適応のロジック」の核となっているのは、コミュニケーションを「個人の能力」の問題として捉える考え方です。先ほど述べたように、「適応のロジック」では「スキル（技能）」を修得することが円滑なコミュニケーションにつながる、とされる傾向があります。このような「個人が能力や技術を学ぶことで円滑なコミュニケーションが可能になる」という考え方は、「コミュニケーションとは個人の能力や技術によって達成されているものである」という考え方が前提となっています。

　このような、全ての問題を個人の能力や技能の問題として捉える考え方を、「個人主義」と呼びます。そして、ここに「適応のロジック」の限界があります。コミュニケーションとは、個人の能力や技能のみで成立するものではないのです。

　例えば、ある高校生２人が以下のような会話をしていたとしましょう。

「もうすぐ期末だね」
「いやー最近部活がきつくってさ」
「甲子園近いもんね。大丈夫？　ノート貸そうか？」

　ここで語られている言葉はごく簡潔なものですが、そこに私たちは多くの情報を読み取ることができます。おそらく、この会話は夏を迎えるころに交わさ

れたものなのでしょう。2人の高校生のうち1人は、部活、どうやら野球部の練習に追われて疲労が溜まっているようです。そのせいで、帰宅後になかなか授業の復習やテスト勉強ができていないのでしょう。もう1人の高校生は普段からまじめに授業のノートをとっているようですね。そして、ノートの貸し借りをするほど2人は仲良しのようです。この会話をしている当の2人も、以上のような豊富な情報量を、この短い会話のうちに了解し合っているものと思われます。

　しかしこのコミュニケーションは、個人的な能力のみで説明できるものではありません。なぜならこのコミュニケーションは、以下に述べるような様々な知識の基盤を共有していることによって初めて成立しているからです。例えば、高校生は定期的に試験を受ける必要があること。この試験で一定以上の成績をとらないと高校を卒業できないこと。そのためには授業の復習や試験対策が肝心であること。高校生の多くは学業と両立して部活動に取り組んでいること。部活動で疲れると、勉強がおろそかになる場合があること。「甲子園」と通称される、夏に開かれる高校野球の全国大会があること。高校生が授業を受ける際にはノートをとることが一般的であること。このノートが、授業の復習や試験対策の資源として有用であること。ノートの貸し借りは、ある程度親密な関係のなかで行われること。

　そしてこうしたコミュニケーションの基盤となっている知識は、私たちが独自に生み出したものではありません。まず、「甲子園」が春と夏に開かれる野球部の大会であるという知識を共有していることには、私たちの社会での常識や日本独自の習慣などの「文化」が関わっています。また、「予習・復習が肝心だ」や「部活動と勉強の両立は難しい」といったような、私たちが自明のことと考えている言い回しを「言説」と呼びますが、これもコミュニケーションを支える重要な条件です。あるいは、高校を卒業するための条件など、その社会や所属集団で定められたルール（法）もあります。私たちのコミュニケーションは、私たちの個人的な能力や知識だけで可能になっているのではなく、このような各個人の背景にある「文化」や「言説」、「法」といった、個人を超えた条件のもとで初めて成立しているのです。

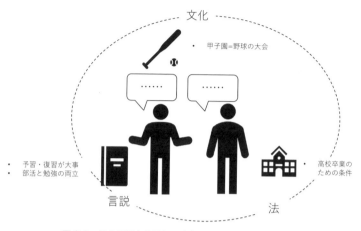

図6-3　個人の能力を超えて成立するコミュニケーション

■■ 第2の視点：「省察のロジック」
■■ 言説・法・文化という視点の必要性

　ここまでで、「コミュニケーションを学ぶ目的」を考える1つ目の視点である「適応のロジック」には、「個人主義」に限界があるということが分かりました。どうやら、コミュニケーションを「個人」的な現象として捉えず、個人を超えた社会的・文化的なものとして捉える考え方に、「適応のロジック」の限界を突破する第2の視点がありそうです。

　板場・池田（2011）の次の言葉は、この第2の視点を示唆してくれています。

　　「コミュニケーション学がめざすのは、個人技の上達でも対人関係の向上でもなければ、集団内の人間関係や集団間の交渉方法の確立でもない。また、こうしたことを個人の立身出世や集団の利益向上の手段と暗にみなすこともコミュニケーション学の中心的理念ではない。そうではなく、様々な関係を基礎づけている言説・法・文化がどのようにコミュニケーションを基礎づけていて、そこに人びとがどのようにかかわっているのかを探っていくことが最重要課題であるといっても過言ではないだろう。」（板場・池田，2011 p.21）

なぜ、「様々な関係を基礎づけている言説・法・文化がどのようにコミュニケーションを基礎づけていて、そこに人びとがどのようにかかわっているのかを探っていくこと」が重要なのでしょうか？　例として、パワーハラスメントを考えてみましょう。

　近年企業におけるパワハラの被害がより深刻化しています。こうした情勢をうけ、2019年5月、職場における「いじめ・嫌がらせ」を防止するための「パワハラ防止法（正式名称：改正労働施策総合推進法）」が成立しました。これによって、上司と部下、先輩から後輩といった、上下関係を利用したハラスメントに対して、企業は防止を義務づけられることとなりました。

　なぜ企業においてパワハラが頻発するのでしょうか？「職場のパワーハラスメント対策ハンドブック」（21世紀職業財団, 2013）によると、企業や従業員を対象とした調査において、「パワーハラスメントが発生している職場の特徴」の上位にくる要因として「上司と部下のコミュニケーションが少ない」ことが挙げられています。これが事実だとすると、パワハラとはコミュニケーションの不足が招く不適応であり、それを解決するために必要なのは双方が適切なコミュニケーション・スキルを身につけ、円滑で正しいコミュニケーションをとることである、ということになります。

　しかし、実際にはこうした考え方のみではパワハラ問題の解決は困難です。なぜなら、実際のパワハラの問題では、被害者である部下側が圧倒的に弱い立場にあり、コミュニケーションという対等な関係性を前提とした状況になかなかならないことが多々あるからです。例えば、2015年に電通の新入女性社員の高橋まつりさんが過労自殺した事件では、高橋さんの上司は、「女子力がない」などの発言をするだけでなく、長時間労働をした際には社内で飲食をしていたことにしろという、虚偽の報告を強要していました。また上司だけでなく、電通はルールとして取り決められた残業時間を超えないよう、社員の勤務時間を過少申告するという組織ぐるみの犯行を行っていました。このような理不尽が可能になるほど、社員と会社側の立場は不均衡で、会社はその状況を悪用して様々な理不尽を社員に強制していたのです。このような、構造的に対等

なコミュニケーションが不可能になってしまっている状況で、双方のコミュニケーションの不足を指摘したとしても、あまり意味がないことは明白でしょう。

　こうした問題では、焦点となるべきなのは当事者のコミュニケーション能力やスキルではありません。そもそもなぜ労働者が企業からこのような不当な扱いを受けなければならないのかという、「社会的構造としての不平等」こそが問われなければならないのです。そしてこの不平等を正しく捉えるには、まず労働者が経営者に比べて低く見られてきた歴史やその原因、労働者が企業に対して職場で声を上げづらい現状といった「文化」を捉える視点が必要になります。また、「新入社員というのは身を粉にして仕事に没頭しなければならない」とか「いいサラリーマンは私生活を犠牲にして働くものだ」とかというような「言説」に批判的になることも必要です。さらに、どうすれば労働者の人権を守ることが可能になるのかを考えるためには、「法」についての理解も必要でしょう。このように、「社会的構造としての不平等」を詳細に捉えるためには、個人の意識や意図を超えた視点が必要不可欠となります。「パワハラ防止法」の成立は、こうした労働者の人権に関する様々な研究や闘争、対話の歴史によって勝ち取られたものであるといえるでしょう。

　このような、個人の枠を超えた「様々な関係を基礎づけている言説・法・文化」の理解を重視する立場を、ここでは「省察のロジック」と呼びましょう。「省察のロジック」では「適応のロジック」と異なり、個人のスキルや能力の向上は目的とはなりません。代わりに、その場での私たちのコミュニケーションがどのような言説や法、文化に規定されているのかを詳細に振り返り、理解することが目的となります。そうすることで、個人のスキルや能力の不足によってではなく、私たちのコミュニケーションを束縛しているどのような社会的構造によってコミュニケーションの困難が引き起こされているかを見極めることができます。それによって、その構造の問題を指摘し、それを乗り越える方法を考えることができるようになるのです。

「境界」を超える
コミュニケーション

■■ 「越境」の心理学 ■■

■ コミュニケーション能力育成の実際

　さて、ここまでで、「女子と話せるようになる」ために「コミュ力」とは何かを知りたいという質問をきっかけに、私たちはなぜコミュニケーションを学ぶ必要があるのかについて、コミュニケーション学の観点から考えてきました。これにより、コミュニケーション学においてコミュニケーションを学ぶ意義として、「適応のロジック」と「省察のロジック」の2種類の考え方があることが分かりました。

　しかし現在、多くの企業や団体が行っているコミュニケーション能力育成を目的とした実践では、「適応のロジック」のみが過剰に強調される傾向にあり、「省察のロジック」のような考え方が重視されることはほとんどないのが現状です。また最近では、「ブラック心理学」などといった名称で、人を自分の思い通りに操ることを目的としたコミュニケーション上のテクニックを喧伝する書籍や研修をよく見かけます。こうした動きも、個人の利益のためにコミュニケーションを学ぶのだという、「適応のロジック」のみを過剰に取り上げる世の中の傾向をあらわしいるといえるでしょう。

　このように、コミュニケーションを個人のスキルや能力としてのみ捉える実践が世の中にあふれ返っています。コミュニケーションを捉える視点がこのような、「〇〇するとうまく人と話せます」とか「上手にコミュニケーションをとりたいなら〇〇すべきです」とかといった考え方に限定されてしまうと、どのような結末が待っているでしょうか？　「良いコミュニケーション」をパターン化したチェックリストが作られ、私たちはただそのチェックリストを遵守するだけの存在となってしまうのではないでしょうか。

　この心配は単なる絵空事ではなく、実際にそういった兆候はあちこちにみら

れます。例えば近年、インターネット上のSNSなどで「マナー講師」に対する批判が話題となっているのをご存知でしょうか？

　マナー講師とは、職場や大学などでビジネスマナーをテーマとした研修を担当する職業の総称なのですが、こうしたマナー講師が研修で教えるビジネスマナーの一部に対する批判的な書き込みが度々話題となっています。特に話題となっているのが、マナー講師が教えるビジネスマナーの一部に、由緒がはっきりしなかったり、それを守ることに妥当な理由がないと感じられるようなものが含まれていたりする、という点です。こうした怪しいビジネスマナーのうち、私がこれまで目にしたのは以下のようなものです。

- とっくりでお酌をする際に注ぎ口を使うのは、円を切る（＝縁を切る）ことになるのでマナー違反
- 相手方のオフィスを訪れた際、出された飲み物を飲むのはマナー違反
- 書類に印鑑を押す際に、隣に上司の印鑑が押されている場合は、上司の印鑑のほうに自分の印鑑を傾けてお辞儀しているように押すのがマナー

　こうした怪しいビジネスマナーの数々は、インターネット上では「謎マナー」と呼ばれ、なかにはこうした謎マナーを研修で教えるようなマナー講師を、「失礼クリエイター」と呼ぶ人たちもいます。

　もしビジネスマナー研修をはじめとする世の中のコミュニケーション能力育成の実践が、今のように「適応のロジック」ばかりを過剰に強調せず、「省察のロジック」をもっと重視していれば、こうした「謎マナー」ばかりを生み出し、押し付けてくる動きに対抗することも容易になるはずです。なぜなら、「こんな不条理なマナーばかりがなぜ生み出されるのか」「由緒も分からないような所作を守り続けるということがマナーを守ることなのか」というような批判的な観点からの検討を行うことも、ビジネスマナー研修の大切な目的となるからです。しかし「適応のロ

図7-1　印鑑の謎マナー

ジック」だけに頼って組み立てられたビジネスマナー研修やコミュニケーション教育の現場では、上記のような批判的な検討はほとんど行われず、コミュニケーション能力を育成することとは、適切な行動のパターンやマナーのチェックリストを遵守し、滞りなく実行していくこととなってしまいます。

■ 「物語」としての心理学：フォークサイコロジー

　これまで見てきた、コミュニケーションの「チェックリスト化」の背景には、2つの特徴的な、偏った考え方があります。1つ目は既に述べましたが、「適応のロジック」に象徴されるような、全てを個人の能力や技術の結果と捉える「個人主義」の考え方です。そしてもう1つは、私たちの世界を理解する際に、人びとの「行動」にのみ過剰に注目するということです。そして、この2つの偏った考え方、「個人主義」と「行動主義」は、いずれもこれまでの心理学が人間理解の基礎として広めてきた、従来の心理学の「負の遺産」とも呼べる考え方でもあります。

　私たちの人間理解は「個人主義」や「行動主義」という、心理学が形作ってきた数多くの言説が基盤となっています。このことは、この第3部の冒頭で紹介した質問にも垣間見ることができます。「女子と話せるようになる」ためには「コミュ力」という能力が関わっているはずだというこの考え方は、「何かがうまくなるということは、個人の○○力がきたえられるということだ」という、世間でよくみられる「物語」に則っています。

　文化心理学者ブルーナー（Bruner, J.）はこのような、人びとが自らの行為に対して日常的な説明を行う際の基盤となる物語のことを「フォークサイコロジー（素朴な心理学）」と呼びました（Bruner, 1990 岡本他訳 1999）。例えば私たちは、「あいつ最近練習熱心だな。この前私に負けたのが悔しかったのかな」とか、「あの人、最近おしゃれだな。好きな人でもできたのかな」とかといったように、「願望」「信念」「目標」「熱情」といった心理学の概念を使って、他者の物語をつくり、それによって他者を理解しています。また、こうした物語を社会的に共有していることによって、私たちは人間とはどういうものか、世界

とはどういうものかについての考え方を共有し、それによってコミュニケーションが可能になっています。そして現代の世界においては、世界を理解するための枠組みとしての「物語」には、心理学を中心とした「個人主義」「行動主義」の考え方が強い支配力をもっているのです。

「コミュ力」という言説にみられる「個人の能力」というフォークサイコロジー。「個人主義」という、私たちの物語を支配する強い言説。コミュニケーションがうまくとれないのは能力が低いからだ、という物語化。それは私たちが心理学を「知らない」のではなく、既に「知りすぎてしまっている」ことをあらわしています。こうなってくると、もはや「呪い」に近いものかもしれません。

「省察のロジック」は、そういう「知りすぎた」ことによる自分自身の束縛から解き放たれるために勉強が必要なんだという、解放に向かう考え方です。逆に「適応のロジック」は、非常に強い言い方をすると、限定的な物語についての些末でトリビアルな知識を増やしていって、自分自身の拘束を強めていくための教育を推し進めます。何かを学ぶ際に、もしもそれを学ぶ理由に「適応のロジック」しか用意されていないのなら、それを学ぶことが何につながるのか、私たちは立ち止まって、自らの学びのあり方を考え直してみる必要があるでしょう。

「境界」と「越境」

それでは、個人主義に陥りがちな「適応のロジック」という限界を乗り越えるためには、コミュニケーションを一体どのようなものとして捉えればいいのでしょうか？　この問題について考えるために、ここでは文化心理学の「境界」と「越境」という考え方を紹介したいと思います。

もう一度、第6章冒頭の質問を見てみましょう。「コミュ力とは何ですか？具体的に知りたいです。自分はもっと女子と話せるようになりたいです。」この質問を見る限り、質問者はどうやら男性で、女性と話すということに困難や課題を感じているようだと推測できます。この時、この質問者にとっては、

「男性」という自分の社会的カテゴリと、話しかけたい相手の「女性」という社会的カテゴリの間に、大きな「壁」があるように感じられるのではないでしょうか？

　このような、ある立場の人と別の立場の人との間のコミュニケーションを阻む「壁」のことを、文化心理学者のエンゲストローム（Engeström, Y.）は「境界」（boundary）と呼びました（Engeström et al., 1995）。境界は、様々な場面で問題となります。境界が問題化する事例として、例えば以下のようなものが考えられます（香川・青山（2015）を参考に筆者が作成）。

- 　事例1：部活の先輩が新入部員に対して「最近の新人は忍耐力がない」「こちらの指示を待っているだけだ」と言う。一方、新入部員は思う。「先輩は私たちを放ったらかしで、何をしたらいいか分からない」「自分で考えて練習をしてみたら、勝手なことをするなと怒られた。それ以来自分で考えることはやめた」。

- 　事例2：バイト先のコンビニで、本社から新しい方針が下りてきた。現場の店員たちは口々に「また現場の実情にそぐわない方針がきた」と不満を言いながら「でも下手に意見すると目立つよね」「どうせ意見しても本社は誰も聞いてくれないし」「まあ上の言うこと聞いとけばいいか、どうせバイトだし」と思った。他方、幹部は、反発する現場に対してこう思う。「現場は変化を嫌う。変革が必要だ」「バイトは視野がせまいし自分の都合しか考えていない。ちゃんと全体を考えてほしい」。

- 　事例3：文化祭で、隣のクラスと合同で出し物をすることになった。しかし次第にお互い、次のように思うようになった。「最初はやってみましょうと友好的なムードだった。こちらは頑張ってきたつもりなんだけど、最近、相手のクラスの表情が硬い」。

　これらの事例はそれぞれ場所も違うし、生じている問題の種類も別物ですが、いずれも異なる場面やコミュニティの間で生じる境界が関係しているという点で一致しています。事例1では、同じ組織に所属しているはずの人びとの間に「新参」と「古参」という境界が生じています。事例2も同じ組織に所属している人びとの間の境界の事例ですが、ここでは「現場」と「本社」の立場

や視点、権力の差から境界が生じており、大きな組織における意思決定の方法がその背景にあります。事例3では、クラス間の連携によって生じる境界の事例であり、境界を乗り越えようとしたのですが、いざ作業を始めると逆にクラス間の境界が目に見える形で問題化してしまい、関係が悪化してしまっています。

　この他にも、組織における派閥間の闘争や、領土や国境をめぐる争いなど、境界が関係するコミュニケーションの問題は挙げればきりがありません。コミュニケーションが問題化する時、多くの場合そこには何らかの「境界問題」が存在する、といってもいいでしょう。

■■ 越境としての学習：
「空気を読めるロボット」はどのように作られたか

　こうした「境界問題」が発生した時に求められるのが、その境界をお互いが乗り越えることです。エンゲストロームは、強固な境界を乗り越え、立場の違う人びと同士が対話を通して越境問題を解決していく場面に着目し、この「越境」という現象が、従来のものとは異なる新たな学習現象なのではないかと考えました。

　「越境」という現象を捉えた研究として、ここでは幼稚園におけるロボットの活用に関する研究（小池・青山, 2015）を紹介します。この研究はコミュニケーションロボットを用いたもので、長期的に人間とロボットのインタラクションを調査し、その成果をロボットのデザインに活用するために行われました。

　幼稚園でのロボットの活用は、スムーズに進んだわけではありませんでした。例えば当初、このロボットは音声認識によって動作するよう設計されていましたが、実際に教室のなかで使用すると、騒音によってロボットがうまく音声認識をできず動かなくなってしまうというトラブルが発生しました。このトラブルで教室の雰囲気が悪くなってしまったことをみた研究者は、「ロボットの機能にこだわって空気を乱すのではなく、周囲の人間との関係を良好にする

ことのほうが重要だ」（同上）と考えました。
その結果研究者は、音声認識の機能をあきら
め、その場にいる人がリモコンによってロ
ボットを操作するという方法を選びました。
ロボットを「空気が読めるロボット」（同上）
にするため、あえて音声認識という、より高
度な技術を利用することをあきらめたのです。

図7-2　幼稚園の先生がリモコンでロボットを操作する様子（イメージ）（詳細は小池・青山（2015）を参照）

　ロボットを幼稚園で活用してもらうまでの
道のりには、ほかにも多くの問題が立ちふさ
がっていました。研究者は、幼稚園の先生が
ロボットを活用できるようにと、先生が使いやすいような簡単なインター
フェースを作ったり、先生の要望を取り入れたコンテンツをプログラムしたり
と様々な工夫をしました。しかし、それでもロボットの活用は進みませんで
した。幼稚園の先生たちは多忙で、常に園児たちの安全に気を配る必要があるた
め、そもそもロボットを集中して操作することが困難だったのです。これは
「ロボットを操作するためのインターフェースの問題ではなく、幼稚園という
社会的な環境の問題」（同上）であり、個人の学習やロボットのデザインによっ
てどうにかなる問題ではありません。幼稚園において、ロボットを幅広く活用
してもらうことは、この時点では絶望的なように見えました。

　活路をひらいたのは、意外なきっかけでした。研究者は、幼稚園におけるロ
ボットの活動を研究用にビデオで撮影をしていたのですが、この様子を見た保
護者から、そのビデオをDVDにしてほしいという要望がありました。保護者
は通常、授業中に園内に入ることができません。保護者にとってこのDVD
は、園内での我が子の様子を見ることのできる貴重な映像だったのです。研究
者はこの要望に応えて、映像をおさめたDVDを幼稚園の図書館に置くように
し、このことが研究者と保護者が接近する契機となりました。

　研究者は、幼稚園の先生が忙しくてロボットを活用することが難しいことに
頭を悩ませていました。このことを園児の保護者に話すと、「それでは私たち
がロボットを動かしましょう」と支援を申し出る保護者が現れました。次の年

度には、保護者が「ママロボクラブ」を結成し、研究者のサポートを受けながら、園内でロボットのプログラミングを行い、ロボットを使って園内で活動をするようになりました。保護者のなかに大学院修了者や元システムエンジニアがいたこともあり、ママロボクラブはロボットの活用場面をひろげていくこととなりました。

　ママロボクラブの活動がひろがった理由はそれだけではありません。ふだん授業中に教室に入ることのできない保護者にとって、授業中に園内に入ることができ、我が子の様子を見ることができるということが、ママロボクラブの活動のエネルギーになっていたのです。ママロボクラブの活躍により、その後ロボットは園児たちの誕生会でお祝いの言葉をのべて音楽を演奏したり、学芸会に参加したりと、園内でスムーズに活動できるようになっていきました。

　この事例では、ロボットの活用という課題をめぐって、当初は研究者と幼稚園の間に境界がうまれていました。研究者はなんとかこの境界を乗り越え（越境し）ようとしました。様々な経緯を経て、ロボットがうまく幼稚園で活用されていったことから、この越境の試みはある程度成功したといえるでしょう。

　さて、この事例は、それまでの学習研究が扱っていた学習現象と何が違うのでしょうか？　この事例からは、何かが上手になったり、速くできるようになったり、新しいことができるようになったりといった学習を見出すことは困難です。むしろ、研究の早い段階において、研究者は音声認識によるロボットの自律制御をあきらめ、人がリモコンで操作するという選択をしています。この選択は、ロボットの開発という観点から考えると、技術的には後退するものであったとも考えられるでしょう。

　しかし研究が進むにつれて、幼稚園の先生や研究者、さらには保護者といった様々な立場の人びとが関わることで、結果的にロボットの活用はひろがっていくこととなりました。この変化は、研究者単体では実現しない、立場を越えて協働することで初めて実現する学習であったといえます。またロボットの活用が広がったという変化は、誰か1人の変化というものではなく、幼稚園におけるロボットをめぐる社会的な環境の変化であるといったほうが適切でしょう。ロボットの開発を目指す研究者、多忙な先生や幼稚園の職務、園内での我

が子の様子を見たい保護者という、異なる立場の人びとがうまく関わった結果、社会的な環境の変化がゆるやかに生じたのであり、「ロボットの活用のひろがり」という結果はあくまでも、この社会的な変化を研究者の視点から切り取ったものであるといえるでしょう。

　このように、1人1人が自分の技術や知識をのばしていく「垂直的」な学習でなく、組織間の境界を越えていくような「水平的」な学習過程が「越境」と呼ばれる現象です。以上のような「水平的学習」、そして「越境」という概念は、第2部を通ってきた読者のみなさんなら、なじみやすいものではないでしょうか？　第2部では、学習が知識や技能を獲得することではなく、コミュニティへ参加していく過程なのだという、状況的学習論について解説をしました。この考え方をさらに推し進め、「自分のコミュニティ」だけでなく「他のコミュニティ」にいかに踏み出していくか、そしてそれによってコミュニティ間にどのような相互行為が生じるのかという学習を概念化したのが「越境」という概念です。

　「越境」が実現する際の対話の特徴を、香川・青山（2015）は次のようにまとめています。

　　　「越境的対話とは、異なるコミュニティの人びとが出会い、交流し、互いの重
　　　なりや共有部分を創出する一方で、文化的、歴史的に生じた互いの差異を単純
　　　に解消すべき悪者とするのではなく、むしろ変化の重要な原動力として活かす
　　　実践である。」

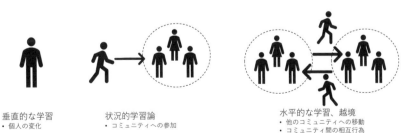

垂直的な学習
・個人の変化

状況的学習論
・コミュニティへの参加

水平的な学習、越境
・他のコミュニティへの移動
・コミュニティ間の相互行為

図7-3　垂直的な学習、状況的学習論、水平的な学習・越境のイメージ

このような観点から考えると、「もっと女子と話せるようになる」ために
は、どうやら「コミュ力」「コミュニケーション能力」といった個人の能力だ
けを考えるのでは不十分だということになるでしょう。なぜあなたが女性に対
して話しかけることはそんなに難しいのでしょう？　相手が女性であるという
だけで、なぜそこに壁（境界）が生じてしまうのでしょう？　それは能力の限
界でしょうか？　違います。この壁は、今も昔もずっとありつづけ、どこにで
も存在する普遍的なものなのでしょうか？　それも違います。

　「男性が女性に対して話しかける」時の壁は、社会的に作られた現象なので
す。これに限らず、「境界」とは物理的な壁ではなく、そして個人の能力の限
界といったような壁でもなく、社会的に作られ維持される「社会的現象として
の壁」なのです。次章では、この「境界生成」についてさらに詳しく考えてい
きましょう。

「社会的現象」としての境界

■ 「女性であり続ける」という実践

本章では、男女という「境界」を例に、この境界が社会的に作られたものである、ということについて詳しく考えていきます。ここで紹介するのは、社会学者のガーフィンケル（Garfinkel, H.）による研究です。この研究はある1人の女性を対象として行われたものでした（Garfinkel, 1967 山田・好井・山崎訳 1987）。

その女性、アグネスの印象について、ガーフィンケルはこのように記しています。

> 「彼女は背が高く、スリムでとても女らしいプロポーションをしていた。サイズは上から、96、63、96、細くて長いダークブロンドの髪で、かわいらしく、若々しい顔をしていた。肌はピンクで、顔には産毛もなく、眉毛はかすかに引き抜かれており、口紅の他にはなにも化粧をしていなかった。はじめて現れたとき、ほっそりした肩と豊満な胸と細いウエストをきわだたせるタイトセーターを着ていた。」

しかしアグネスには、実はある生まれつきの身体的な特徴がありました。彼女は、正常な男性の外性器をもっており、逆に様々な検査をしても、彼女の体には子宮や卵巣といった女性生殖器の痕跡が見当たらなかったのです。

アグネスは正常な男性器をもつ男の子として生まれました。男の子として出生証明書が発行され、男の子にふさわしい名前がつけられ、男の子として育てられたのですが、しかし思春期の終わりごろから、胸が膨らみ始めるなど、身体に女性としての第二次性徴が現れ始めたのです。これによって高校生活をおくる緊張が極度に高まり、高校2年の終わりからアグネスは学校に行かなくなりました。その後彼女は、様々な準備とダイエットを行ったあと、故郷から離れた祖母の家に1カ月滞在しました。この1カ月の間に、アグネスは髪形を変え、女性の服に着替え、「変身」を遂げたのでした。

しかし、女性としての人生を歩み始めてからも、アグネスの生活には様々な問題が横たわっていました。アグネスはその後外科手術をうけ、身体的にも女

性としての外性器を手に入れることになるのですが、それまでの彼女にとっ
て、友達といく海水浴や勤務先での健康診断、恋人とのスキンシップといった
様々な日常場面が、男性としての外性器を隠し通さなければならない、とても
重大な危機となったのです。このような、「自分が選んだ性別で生きていく権
利を獲得し、それを確保していく一方で、社会生活において男あるいは女と
して通っていく際に生ずるやもしれない露見や破滅の可能性に備えること」を、
ガーフィンケルは「パッシング（通過作業）」と呼びました（同上）。

　アグネスが「パッシング」を必要とする場面は、身体的特徴が露見しようと
した時に限りません。男性として生まれ、周囲から男性として扱われ、育てら
れてきたアグネスが女性として生きるということは、ただ髪形や服装を女性的
にしたり、外科手術によって身体的特徴を変えたりすることで全て解決するも
のではありません。女性として生き続けるためには、全ての瞬間において、
「女性としての自分」を提示し続けるという「パッシング」が必要となるので
す。

　アグネスが実際にとっていた「パッシング」として、例えば以下のようなも
のが挙げられます。アグネスは、子どものころの自分を、「野球のような乱暴
な遊び」を好まず、人形遊びをしたり、泥んこでパンケーキを作ったりしてい
たと語りました。また彼女は、「話のなかでだけでなく、会話のおりおりに、
はにかみやで無垢で愛らしく受け身的で感受性に富んだ『若い娘』であること
を示し」続けました（同上）。ガーフィンケルがアグネスを「女性」として気
遣った時、例えば「道をわたるとき、彼女の手をとって導いた」り、「ハン
ガーにコートをかけてあげようと申しでたり、彼女のハンドバッグを持ってあ
げたり、車に乗るときにドアをもっていてあげたり」した時には、アグネスは
喜びを示しました。このようなやり方でアグネスは自分を「120％の女性」と
して提示するだけでなく、自分のボーイフレンドを「120％の男性」として描
きました。以上のように、アグネスが日常生活で示す「女性としての自分」と
いう行動の全てが、アグネスが女性として生き続けるために必要な「パッシン
グ」となっていたのです。

　こうしたアグネスの「パッシング」を、「境界」という観点から再考してみ

ましょう。アグネスが実行してきた数々の「パッシング」は、「男性」と「女性」を区別し、自分が「女性」であるという現実を作り続けるという行為であったといえます。つまりアグネスの「パッシング」は、「男性」「女性」という境界をその瞬間瞬間において生成し続ける、「境界生成」の実践であったといえるでしょう。境界を生成し続けることで、アグネスは「女性」としての自分を常に周囲や自分自身に提示し続けていたのです。

■ ルーティン化された「境界生成」の実践

　アグネスの場合は、自身の身体的な特徴や、それを理由に置かれてしまった環境によって、自分自身を女性として提示する積極的な行動をとる必要がありました。しかし実は、こうした男女の「境界生成」の実践は、特殊な事情をかかえる人びととだけが実践しているわけではありません。

　ガーフィンケルは、「自分の性別をあたりまえのものとみなしている人たちにとって、社会構造の組織や作用は、日常的出来事の、『ルーティン化され』『目に見えてはいるが気づかれていない』背景となっているにすぎない」（同上）と指摘します。例えば、どのような服を着るのか、どのような声で話すのかは、私たちが無意識のうちに行っている「境界生成」の実践のひとつであるといえるでしょう。私たちは、様々なふるまいによって自分が「男性」あるいは「女性」であるという現実を、常に作り上げ続けているのです。

　また、自分自身が「男性」あるいは「女性」であるという現実は、本人のふるまいによってのみ作られるものではありません。ガーフィンケルがアグネスに対してとったような、コートをかけてあげたり、ハンドバッグを持ってあげたりという行為は、相手が「女性」であるという現実を作り上げるものであり、これも「境界生成」の実践であるといえます。重いものを運ぶ仕事を男子に任せるという行為もそうでしょう。さらに、例えばあなたの友達に赤ちゃんが生まれて、その友達にプレゼントとして、よだれかけを贈る場面を考えてみてください。おそらく多くの人は、赤ちゃんが男の子なら青いよだれかけを、女の子ならピンクのよだれかけを選ぶでしょう。このように私たちは、本人に

物心がつく前から、その子を「男性」として、あるいは「女性」として扱い、その子を取り巻く「性別の現実」を作り上げるのです。

　身体が大きくなってからも、私たちはこうした「性別の実践」を続けます。「男らしくある」こと、「女らしくある」こととはどういうことかについて、大人から何も言われずに育ってきたという人はあまり多くないでしょう。そして服を選ぶ時、文房具を選ぶ時、異性と２人で歩く時、私たちは意識しているかどうかにかかわらず、「男らしい」「女らしい」選択をし続けます。私たちが「男性である」「女性である」という現実は、こうした日常生活のすべてにわたってくり広げられる「性別の実践」によって作り上げられ、維持されるものなのです。

■■ 社会的現象としての境界

　「男性」「女性」という境界に限らず、実は全ての境界というものは、私たちの行為と無関係にあらかじめ与えられているものではなく、様々なふるまいや社会的な実践によって作り上げられている「社会的現象」だという側面があります。例えば「国境」という境界について考えてみましょう。日本と、隣国の中国や韓国との国境は、目に見える形で海の上に線が引かれているわけではありません。この境界は、様々な国が協議して作り上げた国連海洋法条約によって規定される「領海」「接続水域」「排他的経済水域」といった各概念によって成立するものです。そもそも私たちが海を船で越えたり、飛行機で長距離を移動したりする技術をもっていなければ、このような境界をわざわざ作ることは不要でしょう。つまりこの境界は、技術の進歩にしたがって私たちが長距離を移動できるようになったことで、様々な問題が生じてきたという、歴史的な流れのなかでたち現れた境界であるということができます。

　また「国境」という境界は、こうした国際的な関係のなかだけではなく、私たちの生活のなかでも作り上げられます。夏に花火をする、冬にこたつに入る、仏壇に線香をあげる、指きりげんまんをするといった日本人としてのふるまいは、私たちが生まれつきもっている習性ではありません。こうした日本人

としてのふるまいは、生まれてからこれまでの生活のなかで私たちが学習したものであると同時に、そうしたふるまいを通して私たちは自分自身が「日本人である」という現実を作り、維持し続けているのです。

　以上を考えると、「男性が女性に対して話しかける」時の壁が、物理的な壁ではなく「社会的現象としての壁」であるということの意味も分かっていただけるでしょう。そして異性に対してもっと話しかけられるようになりたいのであれば、こうした壁がなぜ作られているのか、誰のどのようなふるまいによって、どのようにこの壁が作られ、維持され、強化されているのかを考えることは、大きな一歩になるはずです。

■ なぜ越境が必要なのか

　と、ここまで読んだ段階で、この内容に納得できた人はどれくらいいるでしょうか？　一部の方は、おそらく「なんか問題をすり変えられている気がする」という気分になっているのではないでしょうか？　私が18歳の時にこの文章を読んでいたなら、おそらくこう言っているはずです。「ちょっと待ってくれ。そういう壁があるのは分かるけど、その壁があってもめちゃくちゃ女の子に話しかけて仲良くなれるやつはいるじゃん！　俺はそうなりたいんだよ！」

　なるほど。

　では、そういう声に応えるために、最後の論点に行きましょう。私たちは一体、何のために異性と話すべきなのでしょうか？

　私の意見では、その答えは「男性・女性という境界問題の越境を目指すため」です。そして、この問題を越境することと、男性が女性に気軽に話しかけられるようになるということは、実は同じではありません。このことについて理解するために、ここでは「越境する」ことがなぜそんなに大事なのかについて考えてみたいと思います。

　本章ではここまで、男性と女性の間のコミュニケーションを一種の「境界問題」として捉え、文化心理学の境界や越境という概念について解説をしてきました。そして、私たちの生活のなかに現れる様々な境界は、所与のものとして

あるのではなく、私たちの様々なふるまいによって作られ、維持され、強化されるものなのだと述べました。

　ここで改めて強調しておかなければならないのは、「境界」を作ること自体が悪いことだと言っているわけではない、ということです。コミュニケーションになにか問題が生じた時には、境界が問題視されますが、境界とは曖昧で混沌とした日常を整理するために必要なものでもあるのです。

　そもそも私たちは、何かと何かを区切る境界があやふやな、とてもあいまいな世界を生きています。例えば「大人」と「子ども」という境界は、ふだんの生活ではなかなかはっきりと区切ることが難しいものです。ある時は「もう高校生なんだから」と大人のようなふるまいを要求され、またある時には「子どもが口を出すことじゃない」と子ども扱いをされます。就職しても「もっと大人になれって」などと先輩にたしなめられることもあれば、逆に自分が小学生のいとこ等に対し「そんなことできるようになったの？　大人になったねぇ」などと話しかけることもあります。しかしこのように大人と子どもの境界があいまいな世界のままでは、例えば「酒・たばこの購入」や「選挙権」、「少年法」など、大人と子どもの間に明確な境界を引かなければならなくなった時に困ってしまいます。「大人」と「子ども」の境界は、大人と子どもの分かり合えなさというコミュニケーションの問題を引き起こすものであると同時に、酒やたばこの健康被害から子どもを守ったり、いつから選挙に投票できるのかを定めたり、子どもが犯罪を犯しても更生の機会を確保したりするために必要なものでもあるのです。

　しかし境界は、必要なものであると同時に、時に人を抑圧するものにもなります。例えば男性・女性という境界は現在、どのような抑圧を生んでいるでしょうか？　2018年に発覚した医学部不正入試問題は、それを象徴する事件の1つでしょう。

　この事件では、日本国内の複数の大学の医学部が、女性の受験生の得点を一律に減点する等、女性をはじめとする一部の受験生を不利に扱うような不正を行っていたことが明らかになりました。その後の調査によって、こうした得点調整が行われた理由として、卒業生が多く働く大学病院の運営のために「医局

に勤務した後に結婚や出産による離職率が男性に比べて高い女性の入学者を、できる限り少なく抑える必要がある」という考えがあったことが指摘されました（学校法人東京医科大学第三者委員会，2018）。この場合、必要なことは女性の医学部生を減らすことではなく、女性医師が結婚や出産を経てもちゃんと働き続けられるような制度の整備であることは明らかです。

ところが一方で、ネット上でこうした差別の当事者であったはずの女性医師から、「私はそうした差別を受けながらもそれを受け流してやってきた」「女性が医師として働くためには、そうしたしなやかさも必要」といった旨の発言が多くみられました。しかしこの時、彼女らのコミュニケーション能力は、自分ひとりが勝ち抜き、幸せになることにしか向けられていません。その時交わされるコミュニケーションは、本来的に正義に反する不条理に対して、それを放置して「うまくやる」ことにしかつながっておらず、不条理を正す方向には向きません。私たちが学ばなければならないのは、そのようなコミュニケーション能力なのでしょうか？

東京医大 女子を一律減点

2010年ごろから 受験者に説明なし

東京医科大学が今年2月に実施した医学部医学科の一般入試で、受験者側に説明のないまま女子受験者の点数を一律に減点し、合格者数を調整していたことが関係者への取材でわかった。こういった点数操作は遅くとも2010年ごろから続いていたとみられる。同大は、前理事長らが不正合格をめぐって東京地検特捜部に在宅起訴されており、来週にも入試に関する調査結果を公表する。

同大医学科の今年の一般入試は、1次でマークシート方式の筆記試験を行い、合格ラインを超えた受験者だけが2次の面接と小論文などに進む仕組み。募集要項で男女別の定員は定められていなかった。

関係者によると、同大では1次の結果について、女子の点数に一定の係数をかけて一律に減点。その結果、今年の一般入試の受験者計2614人（男子61%、女子39%）のうち、1次試験の合格者は男子67%、女子33%で、2次試験を経た最終合格者は男子82%（141人）に対し、女子は18%（30人）に下がり、男女で差が出ていた。

関係者によると、こうした調整は長年続き、10年の一般入試の合格者の男女比で、女子が4割弱と前年を大幅に上回ったことで加速。「女性は大学卒業後に出産や子育てで、医師現場を離れるケースが多い。医師不足を解消するための暗黙の了解だった」（同大関係者）として、女子の合格者を全体の3割以下に抑える調整が行われてきたという。

同大幹部は取材に対し「同じ点数なら男子を優先合格させる調整はしていたが、女子の一律減点は許されない」と話した。同大は取材に対し「事実関係を把握していない。内部調査を行っており、適宜公表する」としている。

文科省の担当者は「入試の募集要項に男女比の調整を明記していれば、大学の責任で実施できる。東京医大がそうした説明をしないまま調整をしていたなら問題だ」としている。

図 8-1　医学部不正入試問題を報じる新聞記事（朝日新聞 2018 年 8 月 2 日夕刊）

お気づきの方も多いかと思いますが、このように、不条理や抑圧を放置したまま生き延びる方向にコミュニケーション能力を用いようとした時、強力に機能するのが、先ほど解説した「適応のロジック」です。「適応のロジック」により個人のコミュニケーション能力を育成し、女性とたくさん話せるように

なったところで、女性を抑圧する社会的な不平等は解決されません。医学部不正入試の問題は、様々な契機が関係し合ってたまたま表面化し、社会問題となりましたが、この世界では女性差別が「当たり前」になってしまって、問題として目に見えなくなってしまっており、一見うまくいっているように見えるコミュニケーションも、実は女性自身も気づかない形で女性が不平等を受け入れていることで成立しているに過ぎない場合がたくさんあります。そのような世界でたくさん話せるようになるとか、うまくコミュニケーションをとれるということは、必ずしも「越境」を意味するものではなく、問題とすべき境界問題を放置したうえで1人だけが幸せになろうとする、「過剰な適応」に過ぎません。

　また、ここまでは、女性側に押し付けられる理不尽の話をしてきましたが、質問者の「もっと女子と話せるようになりたい」という質問をみると、もしかしたらこの質問者は、男性・女性という社会的な枠組みによって、コミュニケーションに困難を感じているのであり、男性側も同じように抑圧されているのでは、と考えることもできます。このように考えると、ここまでで私が強調してきたような女性の抑圧という問題は、一見的外れなもののように見えるかもしれません。

　しかし、私はやはりこの質問者や、同じ思いをもつ男性たちに対して、この問題に正面から向き合ってほしいと感じます。なぜなら、こうした女性とのコミュニケーションを切望する考え方のどこかに、「コミュ力を高めれば女の子とうまいことやれる」という考え方があり、そしてそうした考え方が、そもそも女性1人1人が自らと同じく人格をもち、自律した一つの主体であるということを軽視し、「オンナ」というものとしてしか見ないもののように思えるからです。もちろんこの質問者はそこまでは言ってないし、そこまでのことは考えていないのかもしれません。しかし、私はかつて「女子ともっと話したい」と渇望した男性の一人として、自戒をこめて、「女子とうまいことやる」という考え方は根本的に女性差別とつながっているのだ、ということを強調しておきたいのです。

　異性とたくさん話したい。そう感じること自体はとても自然なことだと私は

思います。だけどそもそも私たちはなぜ異性と話したいのでしょうか？　それ
は一時的な楽しみを得るためではなく、人生を共に寄り添い全うする生涯の
パートナーを見つけるためのはずです。そのためには、「適応のロジック」に
則った表面的なコミュニケーションに振り回されるのではなく、まず自分たち
が一緒に生きていくこの世界、そして互いの苦しさや弱さについて話し合うこ
とが必要なのです。そこから、お互いがもっと良く生きられるようになるに
は、2人で何ができるのかを探し始めるといったような、「省察のロジック」
に則った「越境的対話」が可能になるのではないでしょうか。表面上うまく
いって「しまっている」コミュニケーションの影で、問題を問題化できずに苦
しんでいる人がいるなら、それに焦点を当てるために、私たちは「越境的対
話」を始めなければならないのです。

　「トム・ソーヤーの冒険」で有名なアメリカの作家マーク・トウェインはか
つて、こう言ったそうです。

　　「互いにコミュニケーションするのを止める努力をしよう。そうすれば対話を
　　することができる」

　「コミュニケーション至上主義」の世界に生きる私たちだからこそ、そこか
ら一度離れてみて、そこで求められる「コミュニケーション」の全体像を捉え
ることが必要なのではないでしょうか。そうすることで、私たちはようやく、
越境的対話のスタートラインに立つことができるのです。

[引用・参考文献]

青山征彦（2015）．越境と活動理論のことはじめ　香川秀太・青山征彦（編）越境する対話
　　と学び　新曜社
朝日新聞（2018）東京医大女子を一律減点
Bruner, J.（1990）. *Acts of Meaning*. Cambridge, MA. Harvard University Press.（ブルーナー，
　　J. 岡本夏木・仲渡一美・吉村啓子（訳）（1999）. 意味の復権——フォークサイコロジーに向
　　けて——　ミネルヴァ書房）
Engeström, Y., Engeström, R., & Karkkainen, M.（1995）. Polycontextuality and boundary

crossing in expert cognition: Learning and problem solving in complex work activities. *Learning and Instruction, 5*, 319-336.

Garfinkel, H. (1967). Passing and the managed achievement of sex status in an "intersexed" person part 1. In Garfinkel, H. *Studies in Ethnomethodology*, Prentice-Hall, 1967, pp.116-185.（ガーフィンケル, H. 山田富明・好井裕明・山崎敬一（編訳）(1987)．アグネス、彼女はいかにして女になり続けたか——ある両性的人間の女性としての通過作業とその社会的地位の操作的達成—— エスノメソドロジー——社会学的思考の解体——（pp.215-296）せりか書房）

石井敏（1993）．コミュニケーション研究の意義と理論的背景 橋本満弘・石井敏（編）コミュニケーション論入門 桐原書店

板場良久・池田理知子（編著）(2011)．よくわかるコミュニケーション学 ミネルヴァ書房

香川秀太・青山征彦（2015).異質なコミュニティをまたぐ、つなぐ—— 香川秀太・青山征彦（編） 越境する対話と学び（pp.1-15）新曜社

小池星多・青山征彦（2015）．デザインにおける越境をめぐって——ロボットをデザインしたのは誰か—— 香川秀太・青山征彦（編） 越境する対話と学び（pp.215-232）新曜社

文部科学省（2010).コミュニケーション教育推進会議. http://www.mext.go.jp/a_menu/shotou/commu/1294421.htm（2020.12.21）

21世紀職業財団（2013).職場のパワーハラスメント対策ハンドブック——各社の取組事例を参考に—— https://www.no-harassment.mhlw.go.jp/pdf/pawahara_hb_min.pdf(2020.4.1)

岡部朗一（1993).コミュニケーションの定義と概念 橋本満弘・石井敏（編）コミュニケーション論入門 桐原書店

学校法人東京医科大学第三者委員会（2018）．第三次調査報告書（最終報告書） https://www.tokyo-med.ac.jp/news/media/docs/20181229SurveyReportfinal.pdf（2020.3.25）

植村勝彦（2000).なぜ今コミュニケーションを学ぶのか 植村勝彦・松本青也・藤井正志（2000).コミュニケーション学入門——心理・言語・ビジネス—— （pp.11-14）ナカニシヤ出版

第 4 部

「かしこさ」ってなんだろう

── 学力調査、知能検査と心理学 ──

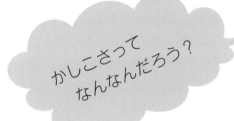

かしこさって
なんなんだろう？

知能検査の歴史

■■「かしこさ」の社会的構成 ■■

この部では、こんな質問を取り上げてみたいと思います。

> PISA の話って暗記ばっかりさせる今までの日本の教育と変わりないんじゃ
> ないかと思った。せっかくセンター試験から新しい能力をはかるテストにな
> るのに、変なのって思う。かしこさってなんなんだろう。

「かしこさってなんなんだろう」。とても短い言葉ですが、私はこのコメント
から強い衝撃を受けました。この問いが「かしこさ」というとても身近で素朴
な概念を問い直す、心理学の中核を突くような鋭い視点であることに驚いたの
です。またそれだけでなく、そのような鋭い質問が、私の授業を受けている学
生から出てきたことがうれしくもあり、同時にその質問が、まさに大学入試を
経験したばかりなのであろう学生自身から出てきたことにも、はっとさせられ
る思いでした。

　この質問に出てくる「PISA」や、センター試験に代わる新たな試験方法につ
いて、詳しくない読者も多いことでしょう。PISA と大学入試はいずれも、教
育現場において「学力」を測定しようとする取り組みの1つです。「かしこさ」
にもいろいろな「かしこさ」がありますが、教育現場において現在「かしこ
さ」の中心に据えられているのが「学力」です。なので、PISA や大学入試改
革というトピックは、「かしこさ」というものが教育現場においてどのようにと
らえられているのかを教えてくれるはずです。そこで本章では、こうしたこと
がらが関係する、近年の教育改革の概要について解説することから始めてみま
しょう。

■■ PISA 型学力観とは
■■

「日本の 15 歳、読解力が 15 位に急落」(毎日新聞，2019)。2019 年、こんな記事が全国紙各社において報道され、大きな話題を呼んだことを覚えているみなさんも多いのではないでしょうか。

こうしたニュースは、3 年ごとに発表されて、そのたびに大きな話題となっています。このニュースのもととなっているのが、PISA と呼ばれる、世界各国で実施された学力テストです。PISA とは、2000 年から 3 年ごとに実施されている国際的な学力テストの略称で、正式な名前は「生徒の学習到達度調査」(Programme for International Student Assessment) といいます。PISA を実施しているのは OECD (Organisation for Economic Co-operation and Development、経済協力開発機構) という、世界的な経済問題について協議するために設立された、世界各地の国々が参加している国際組織です。PISA はこの組織が、各国の 15 歳の子どもを対象に行う、読解力や数学的・科学的知識の理解を問うテストであり、世界各国との比較によって、政府が教育政策を改善・改革する指針を得るために行われています。

「生徒の学習到達度調査」という名称からは、それまでの学力テストとの違いがよく分かりませんね。このテストがこれほどまでに注目されることには、もちろんこれが国際的な規模で実施されているテストで、世界中の様々な国と結果の比較ができるからだという理由もありますが、PISA がそれまでの学力テストとは大きく異なる内容を扱うテストだったということが重要であるといえます。

実際に PISA で出題された問題の一例を見てみましょう。この問題は、2003 年の調査で出題されたものです (経済協力開発機構，2009 国立教育政策研究所監訳 2010)。

この問題に答えるためには、まず「棒グラフ」というグラフがどのような特徴をもつのか、どのようなデータを扱う時に用いられるものなのかといった、データの扱い方や提示の仕方についての知識が必要になります。また、そうした知識だけでなく、表に示されたデータを読み解き、なぜ棒グラフがこのデータを示すのに適していないのかを考える必要があります。例えばこの表に示さ

環境に関する宿題として、生徒たちは、人びとが捨てたゴミの分解時間について、種類ごとに情報を集めました。

ゴミの種類	分解時間
バナナの皮	1～3年
オレンジの皮	1～3年
ダンボール箱	0.5年
チューインガム	20～25年
新聞	数日
ポリスチレンのコップ	100年以上

ある生徒は、この結果を棒グラフで表すことにしました。
これらのデータを表すのに棒グラフが適していない理由を一つ挙げてください。

れているデータからは、新聞やダンボール箱といった比較的分解時間が短いものと、ポリスチレンのコップのような分解時間が長いものとの差が大きすぎるため、棒グラフでこのデータを示すことは難しいということが分かります。また棒グラフでは「1～3年」や「20～25年」といった変動のあるデータを示すことが難しいというのも、このデータが棒グラフに適さない理由に挙げることができます。

このように、PISAで出題される問題の多くは、知識の有無や技能の習得の程度を問うだけでなく、「知識や技能を使って実生活で遭遇するような課題を解決することのできる能力」を問うような内容になっています（経済協力開発機構, 2009 国立教育政策研究所監訳 2010）。PISAが登場して以降、学力を問う議論は急速に変化し、上記のような能力を重視する「PISA型学力」という学力観が急速に広まることとなりました。

■ PISAと新自由主義

では、こうした「PISA型学力」への学力観の変遷は、教育現場に何をもたらしているのでしょうか？ PISAを実施しているOECD（経済協力開発機構）は、その名の通り、経済政策について国際的な協議を主導していくための組織です。このような組織が主導することでPISAは、教育を経済的な成果によっ

て評価しようとする傾向が強くなっていると指摘されています（例えば浜野，2008）。さらに、国際的な比較が可能となった結果、国家間の競争によって教育の価値が語られるようになったというのも、PISA がもたらしたものの１つです。

この「成果主義」と「競争主義」の２つは、いずれも「新自由主義」という思想の特徴です。新自由主義とは、簡単にいってしまうと、国家による介入や管理をできるだけ排し、市場での自由なやりとりにまかせることが経済の活性化につながるという考え方です。PISA は、この新自由主義的な考え方と非常に親和性が高く、教育現場に「成果」と「競争」を重視する考え方を広げることに一役買ったといえるでしょう。実際、PISA の調査対象となった国のほとんどで、調査実施後に新自由主義的な改革が一層推し進められています（山田，2016）。

しかし、教育現場に新自由主義を持ち込むことによって得られる結果は、いいものばかりではありません。逆に、新自由主義は教育現場の崩壊をまねく考え方であるという警告が、近年数多くなされています。

鈴木（2016）は、教育の新自由主義化を推し進めたアメリカでは、既に小学校や中学校といった公教育の制度が崩壊し始めていると指摘しています。新自由主義という考え方の特徴として、競争原理を重視するため、富裕層と貧困層の間の格差が広がる一方となってしまうことが挙げられます。これによってアメリカでは、富裕層が多く住む地域の学校では豊かな教育実践が数多く行われる一方、貧困層が住む地域の小学校は人員や財源の削減が進み、教育の質が低下し続けてしまっています。これによって、教員免許をもたないパートタイムの教員が教室に大量に送り込まれ、学校に行ったところで子どもたちはまともな授業を受けることができないという事態が、アメリカでは既に現実になっているのです。たまたま生まれた地域の違いによって受けられる教育の内容に大きな差が開いてしまっているという現状で、公教育の意義がどの程度保たれているといえるのでしょう。

このような現状を考えると、「PISA 型学力」という学力観に対しても、私たちは慎重にその内容を見極めていく必要がありそうです。この章では、「学

力」をはじめとした「かしこさ」の概念を批判的に掘り下げるために、次節以降で「知能検査」の歴史に焦点を当ててみたいと思います。

■ 「社会的構成」に目を向ける

PISA型学力をはじめとする「学力」という考え方は、学校現場において最も重視される「かしこさ」ですが、「かしこさ」を表す概念はそれだけではありません。以前から心理学では「かしこさ」に関わる概念として、様々な概念が議論されてきました。

例えば「学力」と同じく目に見えないもので、かつこれまで測定が試みられてきた概念に「知能」があります。ここではこの「知能」という目に見えないものを測定しようとしてきた心理学の歴史をひもとくことから、「かしこさ」というものの「社会的構成」について考えていきたいと思います。

ここで「社会的構成」という新しい言葉がでてきました。なんだか難しそうな言葉ですが、この本をここまで読んできたみなさんにとっては、そんなに難しい概念ではないと思います。

例えば本書の第1部では、道具による「媒介」という観点から、何かを記憶するという行為が、頭のなかだけで完結するものなのではなく、「記憶する人と、記憶するべき対象と、道具」というネットワークのなかにあることを学びました（p.7参照）。また第2部で紹介した「状況的学習論」は、学習を、知識や技術を獲得することではなく、コミュニティに参加し一人前の何者かになる過程であると考える理論でした（p.42, 46参照）。この2つの考え方に共通するのは、記憶や学習といったプロセスが、頭のなかだけで起きるものではなく、様々な道具や環境、他者と関係し合うなかで起きる、「社会的な現象」であると捉える視点です。そしてこのように、あらゆるできごとは、個人のなかに閉じたものではなく、道具や環境、制度や時代、他者などの社会的状況が複雑に絡み合うなかで起きる「社会的な現象」であると理解することができます。このようなものごとの捉え方をする時、その現象が「社会的に構成されている」と表現するのです。

■■ 知能検査の歴史

　「かしこさ」や「頭のよさ」を測定しようという試みは、古くから多くの心理学者が取り組んできた課題でした。例えばフランスの内科医・外科医であったブローカは、脳の大きさを測ることが頭のよさを測定することにつながると考え、頭蓋測定学というアプローチに取り組みました。現在では脳や頭蓋骨の大きさが頭のよさに単純に関係するという説は否定されていますが、当時はこの説が真剣に検証されていたのです。

　例えば佐藤（1997）は、こんなエピソードを紹介しています。ある優秀な大学教授の死後に、その脳を測定したところ、その脳が平均よりも軽かったという結果が得られたそうです。現在であれば、この結果から「脳が大きいと頭がよい」という仮説が誤っているのではないか、と多くの人が考えるところですが、当時はそうではなく、「この教授は思ったよりも優秀じゃなかったんだな」という結論になったのです。生前に多くの業績を残したにもかかわらず、脳が軽かったというだけで「本当はそんなに頭よくなかったんだね」といわれたわけです。

　このほかにも、様々な心理学者が「かしこさ」を測定しようと試みましたが、いずれも実用的なレベルにまでは至りませんでした。現在の知能検査の原型が完成したのは、19世紀末から20世紀初頭にかけてのころでした。世界最初の知能検査は、フランスの心理学者ビネーが、同じくフランスの医師シモンの協力を得て完成させた「ビネー＝シモン式知能検査」です。

　ビネーがこの検査の作成に着手したことには、当時のフランスの教育現場が直面していたある問題が背景となっていました。1881年に初等教育無償法が成立したことで、全ての子どもが無償で学校へ通い、教育を受けることが可能になったのです。

　それまでは、大人からみて知的な機能に遅れがあると思われる子どもは家庭に留められ、遅れのない子どものみが学校に集まっていました。つまり、大人たちからみてある程度学校に適応できるだろうと考えられる子どものみが学校に集まっていたのです。しかし全ての子どもが学校に通うことになった結果、

教師はそれまでと異なり、より幅広い特性をもった子どもたちに対応する必要に迫られたのです。

このような状況下で、パリ市の教育当局はビネーに、普通教育に適する子どもとそうでない子どもを見分けるための方法を求めました。それまでは、極端な場合だと、母親に対する面接だけで子どもの知的水準が判断されるというようなこともあり、知的な遅れがある子どもを見分けるための適切な方法は全く整備されていませんでした。知能検査の開発の背景にはこのような、教育機会の全国民への普及とそれに伴う混乱があったのです。

こうした知能検査開発の背景は、「知能」というものの社会的構成、つまり「知能」が私たちの頭のなかに実在する実体ではなく、その時代や社会的問題などが絡み合う状況のなかで形作られてきた社会的現象なのだ、ということを教えてくれます。初等教育が無償化される以前のフランスでは、学校には、大人たちによって「勉強についていけそうだ」と考えられた子どもしか学校に通っていませんでした。この状況のなかでは、知的な遅れのある子どもを教育現場で区別しなければならないという問題自体が生じ得なかったのだと考えられます。つまり、「知能」という概念それ自体が、その当時の特殊な社会的状況における人びとのやりとりのなかで形成されてきたものなのです。

■ 知能検査の中身

また、この知能検査が一体どのような方法で、何を測ろうとしていたのかについても、注意が必要です。この点について考えるために、次にビネー＝シモン式知能検査の中身を見ていきましょう。

この知能検査は、様々な種類の課題を難易度順に配列したもので、日常的な道具を用いて判断や推論等の機能が測定できるようになっています（鈴木, 2012）。例えば、検査者が読んだ文章を復唱させるという問題では、2音節文の「パパ（Papa.）」、その次に4音節文の「帽子、くつ（Chapeau, Soulier）」、その次に6音節文の「寒い。私はとてもおなかがすいています（Ill fait froid. J' ai bien faim.）」といった具合に、短い文章から徐々に長い文章になるように問題が並

んでおり、これが26音節文まで続いています（Binet & Simon, 1954 大井・山本・津田訳 1977）。

　また、例えばある子どもが上記の課題で12音節文まで復唱ができたとしても、それだけでその子どもの知的水準は判断できません。ビネーが求められていたのは、「その子どもが、一緒に学校に通う同年齢の子どもたちと比べて、知的水準に遅れがあるかどうか」を調べることでした。つまり、ここで問われている子どもの「知的水準」を明らかにするためには、その子どもの知能検査の結果を、同年齢の子どもの平均的な結果と比較することが必要となります。

　そのため、ビネーは実際にこの知能検査を、様々な年齢の子どもにたくさん実施することで、ある年齢の子どもがどの程度の問題までなら正答できるのかという目安を事前に調べていました。3歳の子どもなら大体この程度の問題までなら答えられる、4歳なら少し難しいこのレベルまで大丈夫だ、というわけです。こうした事前の調査結果と比較することで、この知能検査では、対象とした子どもが、何歳の水準の問題に正答できるかを測定することが可能になっています。こうした検査の結果でてくる年齢（精神年齢）が、実際の年齢（生活年齢）よりも2歳以上低かった場合には、通常学級ではなく、特別な対応をしよう、というのがビネー＝シモン式知能検査の使用方法でした。

　「知能」というと、あらゆる場面で対応可能な知性をイメージしがちです。しかしこのような知能検査の中身をみてみると、この知能検査が測ろうとしているのは、「その子どもが同年齢の子どもと比べて、正答できる問題の難易度が高いか低いか」という、かなり限定的なものでしかないということが分かります。これはこの知能検査の出来が悪いということではなく、そもそもそういうことを目的にしていなかった、という意味です。「あらゆる場面で適用可能な知性」を測定することではなく、「学校の授業で扱われる標準的な内容についていけるかどうか」を見極めること。これが、ビネー＝シモン式知能検査の本来の目的でした。

■■ 知能検査のその後：知能検査はどのように「使われた」か

　しかしビネーとシモンの試みはその後、当初の目的とは大きくかけ離れた形で注目を集めることになっていきます。ビネー＝シモン式知能検査が発表されるや否や、各国の心理学者たちが翻訳に取りかかりました。日本でも、「鈴木＝ビネー式知能検査」や「田中ビネー知能検査」など、様々な心理学者が日本語版を発表し、多様な現場で活用されました。またビネー＝シモン式知能検査の成功を機に、ビネー＝シモン式とは異なる用途を想定した知能検査の開発も行われ、そのなかには教育目的から離れた使用方法をねらったものもありました。

　例えばヤーキーズは 1917 年、陸軍での新兵の知的能力の選別を目的として、集団式知能検査を開発しました。それまでのビネー＝シモン式をはじめとした知能検査は、個々の対象者に実施をしていたのに対し、ヤーキーズの開発した集団式知能検査は集団に対する実施が可能となっており、1919 年までにおよそ 17 万人がこの検査を受けたといわれています（大芦, 2016）。

　この大規模なデータは、新兵の選別という目的を離れ、別の意味で注目を集めることとなります。大量のデータが集まったことによって、新兵の出身地や人種による比較が可能となったのです。例えばヤーキーズらは、黒人の新兵と白人の新兵の検査得点の比較を行い、黒人の得点のほうが低いという結果を見出しました。このような結果を、当時の心理学者たちは「生得的な違い」であると解釈しました（サトウ・高砂, 2003）。つまり、「黒人は白人よりも生まれつき知能が低い」と考えられてしまったのです。

　またこの検査の結果は、他の目的にも使用されました。当時、多くの移民が移り住んでいたアメリカでは、移民の数を制限するためにこの検査結果が使用されました。この検査結果では、西欧や北欧のブロンドヘアーの人びとの得点が高かったので、そういう人たちを優遇して受け入れ、他の出身国の人びとは移住を制限されるようになったのです（Gould, 1981 鈴木・森脇訳 1989）。

　移民の受け入れに知能検査を使用した例はこれだけではありません。ゴッダードは、ニューヨーク近くのエリス島で行われていた移民の入国審査の際

に、知的な遅れのある移民の移住を拒否するために知能検査を行うことを提案しました。ここで行われたビネー式の知能検査の結果から、ゴッダードは、ユダヤ系移民の83%、ハンガリー系の80%、イタリア系の79%に知的な障がいがあったと報告しました（Goddard, 1917）。

　現代の考え方からいえば、この結果には不適切な点がたくさん指摘できます。まず、ここで挙げられた移民の多くは英語を母国語としていないにもかかわらず、この知能検査は英語で実施されていました。また、後ほど詳して述べますが、検査項目のなかには、アメリカで育った人にしか分からないような情報が数多く含まれていました（大芦, 2016）。さらに、移民への検査は、大西洋を横断する航海を終え、やっとアメリカ大陸にたどり着いた直後に行われていました（サトウ・高砂, 2003）。長旅を終え疲れきった状態で、外国語で自分の知らない話題について回答を求められ、その正答率が悪かったとして、その結果をもって「知能が低い」という評価を下すことに、どれほどの妥当性があるでしょうか？

■■ 歴史が教えてくれること

　このように知能検査の活用が拡大することで、その目的は大きく変わっていってしまいました。ビネーの当初の試みは、教室において特別な対応が必要となる子どもを見つけ出し、その子どもに適切な教育を行うことを目的としたものでした。しかしその後、知能検査は実施者側にとって不都合な人を排除するためという、当初のビネーの思いとは真逆の目的で使用されていき、「知能」はそうした排除の論理を正当化するために用いられました。

　また、人種や出身地による知能の差が生得的なものであるという当時の考え方は、自らの努力では変えられない生まれつきの特徴によって人を差別することにもつながっていきました。ビネーが何より重視したのは、「目の前の子ども自身を見る」ということ、母親への面談結果のようなものだけでその子どもの知的状態を判断するのではなく、子ども自身をちゃんと見よう、ということでした。その意味でも、「目の前の子ども自身を見る」というビネーの思いと

は逆に、生まれついての特徴で人びとの知的状態にレッテルを貼るような価値観を作ることに、知能検査が利用されてしまったといえるでしょう。

　もちろん、現在ではこうした、人種や出身地によって知能が生まれつき高い人と低い人がいる、という考え方は否定されています。しかしこの歴史は、私たちに大切な教訓を与えてくれます。それは、「知能」というものをどのように捉えるのかという考え方は、ただの本のなかの知識や研究上の概念として完結するのではなく、私たちの世界のあり方や、よりよい世界を作っていくことにつながっているのだ、ということです。そしてそれは「知能」の問題に限りません。心理学やその他のあらゆる科学が扱う様々な概念には、その根本に「そもそも人間とはこういうものだ」という人間理解の哲学があり、そしてその哲学は「よりよい世界とはなにか」「よりよく生きるとはどういうことか」を考えることに直結しています。

　だからこそ私たちは、様々な概念や理論を参照するということに慎重にならないといけないのです。ある専門的知識に則った概念や理論を参照し、それを採用する時には、「専門家がそう言っていたから」「研究でそういう結果がでているから」という理由だけで判断するのではなく、「この理論って、人間をどういうものとしてとらえているんだろうか」「それが正しいとしたら、『よりよい世界』ってどういう世界になるんだろうか」といった視点をもつことが大切になります。そういう姿勢や考え方のことを、「批判的思考」というのです。

知能検査の偏りと、文化心理学的「かしこさ」

Chapter 10

■■ 知能検査の偏り①：白人社会への偏り

　さて、このようにして心理学は一時期、人種や民族、生まれた地域などによって「かしこさ」が生得的に異なる、つまり生まれつき知能が高い人種とそうじゃない人種がいる、という結果を導き出しました。既に述べた通り、このような見解は現在では否定されているのですが、ではこのような考え方を、心理学はどのように乗り越えていったのでしょうか？

　心理学者グッドイナフ（Goodenough, F.）は、児童に人物の絵を描かせることで知能を測定する「人物画検査」を開発した人物として有名です。この検査は、知能の人種差や文化差を扱おうとする様々な研究で大いに活用されたのですが、しかしグッドイナフはそうした知能検査の活用方法を厳しく批判した人物でもありました。グッドイナフが1935年のアメリカ文化人類学会の会合で残した「知能検査に対する関心の大きな波が、多くの科学的な警告を押し流してしまった」（Goodenough, 1936）という論評には、そうしたグッドイナフの厳しい目線があらわれています。

　では、グッドイナフは知能の人種差研究をどのように批判したのでしょうか？　グッドイナフが指摘したのは、そうした研究の多くが、「アメリカの白人やヨーロッパの白人で標準化された材料を使用している」（Cole, 1996 天野訳 2002）ということでした。つまり、知能検査の内容そのものが、アメリカやヨーロッパで生活している白人に有利な内容になっているのだ、と指摘したのです。

　例えばサトウ・高砂（2003）によると、かつてアメリカ版で用いられていた知能検査には、「ナビスコは歯磨き粉か、食べ物か」というような問題が設定されていたといいます。ナビスコはビスケットやクラッカーの販売で有名なアメリカの食品会社で、日本でも多く流通していることから、たしかに多くのアメリカ人や私たちにとってはこの問題は容易に回答できる問題でしょう。しか

し、例えばアメリカ以外の国から移住してきて間もない移民がこの問題に答えられなかったとして、それは知能の低さをあらわす結果であるといえるでしょうか？　また同じアメリカ国内でも、ナビスコの商品があまり流通していない地域もあれば、貧困でふだんからあまりお菓子を買えない家庭の子どもたちもいるでしょう。このような文化の多様性を考えると、当時使われていた知能検査の内容は、全ての人にとって平等なものではないということが分かります。つまり、「白人のほうが他の人種より知能が高い」という結果は、「白人にしか分かりようがない問題を多く使っている」という「偏り」によるものでしかなかったといえるでしょう。

■■ 知能検査の偏り②：学校文化への偏り

　このような知能検査の「偏り」は、別の角度から指摘することもできます。ここではそれを考えるために、文化心理学者コールが、マヤ文明を築いたことで有名なメキシコのマヤ族を対象に行った調査（Cole, 1996 天野訳 2002）を紹介したいと思います。

　コールらは、学校教育が人にどのような影響を与えるのかについて明らかにするため、マヤ族の人びとを対象に様々なテストを行いました。コールらが用いた課題の内容は多岐にわたるものでしたが、そのうちの1つが「三段論法」でした。

　三段論法とは、「AはBである」ことと「BはCである」ことから、「AはCである」という結論を導き出す、論理的推論の形式の1つです。例えば、「ダチョウは鳥である」ことと、「鳥は卵を産む」ことを考えると、「ダチョウは卵を産む」という結論が導き出せます。コールらはこのような三段論法の正答率と、学校教育を受けた経験がどのように関係するのかを検証しました。

　コールらが用いた三段論法の問題はこのようなものでした。

　　　「もしファンとホセがビールをしこたま飲めば、町長が腹を立てる。ファンとホセは、今ビールをしこたま飲んでいる。町長は、彼らに腹を立てると思うか」

私たちからみると特別難しい問題でもありませんが、調査では全ての人がこの問題に正答できたわけではありませんでした。例えばこの問題に、「ビールならみんな飲んでるのに、なんでそんなことで町長が怒らなければいけないんだ」というような回答をする人がいたのです。

　この回答は、三段論法の問題としては不正解です。しかしこの文章に書かれていることが現実に起きている状況を想定すると、理にかなっていると考えることもできます。日常的な経験に基づけば、たしかに町長がファンとホセだけに腹を立てる理由はありません。コールらはこうした結果を区別するため、三段論法に則りその問題で与えられた情報に基づいて答えられた回答を「理論的反応」、そうではなく日常的な経験や情報に基づいて答えられた回答を「経験的反応」として分類しました。

　この三段論法を用いた調査の結果は図10-1のようになりました。図のなかにあるカッコのなかの数字は、学校教育を受けていた年数を示しています。この図を見ると、学校教育を受けていた年数が長いほうが、理論的反応を返す割合が高い、つまり三段論法のルールに則り、正解できる割合が高いことが分かります。図の下部に2つの点がありますが、この2つの点は左からそれぞれ、「学校に1～2年通った7～9歳の子ども」と「学校に通った年数が2年以下の大人」を表しています。この2つの点の示す理論的反応の割合がほぼ同じ位置にあることから考えても、三段論法に正解できる確率は大人か子どもかという単純な年齢で変わるわけではなく、大人でも子どもも、学校に長い期間通うほど正答率は高くなるようだ、ということが分かります。

　この調査結果を単純に捉えると、「学校に通った期間が長いほど、論理的な問題に対する正答率が高くなる」、つまり「学校に通えばかしこくなる」のだ、と考えることができます。しかしコールはそうは考えませんでした。コールはこの研究を続けるうちに、「次

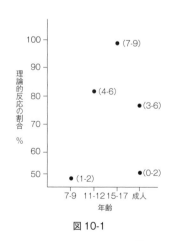

図 10-1

第に、自分たちの研究手続きは、学校教育の実践の隠れたモデルであることに気づき始めた」(Cole, 1996 天野訳 2002) と述べています。つまり、自分たちの選んだ三段論法という課題自体が、「与えられた情報を抽象化し、論理的に推論する」「その際、現実世界における自らの経験や常識のことは一旦忘れる」という、学校で求められる思考の様式にもとづいたものなのではないか、と考えたのです。そう考えると、「学校に長く通うと三段論法の正答率が上がる」という結果は、「学校に通うとかしこくなるから」ではなく、「学校でそういうふうに考える練習をしていたから」、つまり単に「慣れていたから」という理由によるものでしかない、ということになります。

　これは、コールらの調査結果だけにいえることではなく、ビネー＝シモン式をはじめとする多くの知能検査にも同じことがいえます。ビネーとシモンは教室の観察や教科書の分析、そして自分たちの直感などを頼りに、学校で習得すると期待される知識と技能について考え、それをもとに知能検査を作り上げていきました。この手続きはその後、多くの知能検査に引き継がれました。つまり知能検査で測定される「かしこさ」とは、学校で扱われる知識や技能にどれだけ長けているかというものでしかなく、学校をモデルとした限定的な意味での能力でしかないのです。

　以上を踏まえると、「白人はほかの人種よりも知能が高い」という調査結果の見え方も変わってくるでしょう。この結果は、「白人のほうが学校に慣れ親しんでいるから」という理由によるものでしかありません。そもそも現代型の学校そのものが欧米の白人中心の社会で発展したものなのだから、この結果も当然のものであるといえるでしょう。そして知能検査を用いて測定される「かしこさ」は、学校文化を基礎とし、学校での生活に「偏った」ものなのであって、決してあらゆる生活場面に対して適用可能なものではない、ということも分かるでしょう。

■■ 「文化的多様性」をどう扱うか

このように、知能検査で扱われる問題内容には、2つの偏りが関係していま

した。第1の偏りは、欧米である程度裕福な暮らしを送る白人社会を中心に考えられたものであったということ。そして第2の偏りは、学校で習得が期待される知識・技能を念頭において作られたものであったということです。かつ、学校を中心とした現代の教育システム自体が欧米の白人社会のなかで発展してきたものであるという点において、この2つの偏りは互いに密接につながっています。「かしこさ」を測定しようという心理学者たちがかつて導き出した「人種によってかしこさに生得的な差がある」という誤った結論は、「文化的多様性」をいかに扱うかという難題を心理学者たちにつきつけました。

　では、この課題を解決するためにはどうすればいいのでしょうか？　1つ考えられるのは、こうした偏りをなくすという解決策です。つまり、欧米の白人社会や学校社会を中心に問題を作成してきたことが誤りだったのだから、その他の人種や欧米以外の国々における生活様式をもカバーできるような問題に作りかえればいいのではないか、ということです。

　しかし、そんなことが現実的に可能なのでしょうか？　私たちの生きるこの世界は、多彩な文化であふれています。食事の作法ひとつとっても、ある場所では米粒を1つ残すだけで不作法だといわれる一方で、別の場所ではむしろ出されたものを食べきると「足りない」という意思表示になるので、少し残すのがマナーだといわれたりします。服装に関しても、例えば「生徒は制服を着て学校に行く」という習慣は、世界的にみるとある程度珍しいもので、日本のアニメを見た海外の人びとはそれを奇異に感じたり、逆にかっこいいものとして受け取ったりするそうです。

　さらに、私たちの世界は常に変わり続けます。現代の私たちにとっては、恋人とスマホで連絡を取り合うことはいたって普通の光景ですが、短歌をやりとりすることで愛を育んだかつての人びとはこの光景をおそらく理解できないでしょう。今の若い人たちには、恋人のポケベルに「33414」とメッセージを送ることの意味は、もはや分からないでしょう（ちなみに、これで「さみしいよ」と読みます）。このように、多彩な文化が変化し続けていくこの世界において、それらを全て平等にカバーすることなど、一体どうして可能になるというのでしょうか。

■■ 生まれ続ける「〇〇型学力」

　では、「かしこさ」を適切に捉えるために、私たちは何ができるのでしょうか？　知能検査で知能を測定しようという試みは、知能を「どの文化にも、どの場所でも同じ特質をもつ、一つの生得的な特性」(Cole, 1996 天野訳　2002) として捉えていました。しかしこの章で見てきた通り、知能検査で測られる「知能」とは実際には、ある特定の時代における社会的な文脈のなかで作り上げられてきたものであり、かつ学校のなかで求められる知識や技能のみを焦点化した、とても限定的なものでしかありません。「学力」も同様に、それぞれの時代において社会的な状況のなかでその都度作り上げられてきたものであり、とても限定的なものです。

　現在注目されている「PISA 型学力」だって、新自由主義という現代的な社会の流行のなかで作り上げられてきたものです。一方で新自由主義の時代はもはや限界にきており、新たな哲学が求められているとも指摘されています。実際に、近年の人文科学・社会科学では、新自由主義のその先を見据えた議論が活発に行われています（例えば、柄谷, 2006）。新自由主義的な世界が終わりを迎えたころには、また新しい「〇〇型学力」が提唱され、学校の先生たちと子どもたちは改革の波にもまれることになるのでしょうか。このようないたちごっこの現状を考えると、PISA 型学力だって「今までの日本の教育と変わりないんじゃないか」という質問者の指摘は、非常に重いものであるといえるでしょう。

■■ いろいろな「かしこさ」

　では一体、「かしこさ」をどのように捉えれば、この問題を乗り越えることができるのでしょうか？　もちろん「かしこさ」を一概に定義することはなかなかできません。私の場合は「かしこい人」と言われると、例えば新自由主義的な政策の限界や政府の不正を、誰にも分かりやすい言葉で指摘し、民衆と共により良い政治を目指す政治家を思い浮かべます。あるいは、自分の所属する

組織のなかにある理不尽な慣習をきちんと指摘し、改善のために戦うことのできるような人のことも、「かしこいな！」と思うし、尊敬します。しかし一方で、政府の不正や組織の理不尽な慣習にも黙って従い、他者のご機嫌をとることのできる人のことを「かしこい」という人だっているのでしょう。このように、何を「かしこい」とするかはその人の好みや立場、考え方にもよるものですし、それを一概に肯定したり否定したりすることは本書の目的ではありません。だから「かしこさ」とは何かをここで一義的に定めることはしませんが、それでは質問への回答になりません。そこでここでは、「かしこさ」とは何かをみなさんが考え始めるための助けになるような、文化心理学の観点を整理しておきたいと思います。

■ 文化心理学から考えた「かしこさ」：カリキュラムのない学校

　この本の第1部と第2部では、記憶や学習といったプロセスが、個人の内部だけで起きるものではないということを勉強してきました。例えば第1部では、「記憶」が、頭のなかだけでなく様々な道具や他者とのネットワークのなかで成立する現象であると述べました。また第2部で取り上げた状況的学習論では、学習とは知識や技能を獲得することではなく、あるコミュニティに参加することであり、そのなかでコミュニティ特有の「よさ」を学び、そしてゴールのない「よさ」の追求に勤しむことであると考えます。このように、人間の精神の様々な現象を「個人の内的な仕組み」であると捉える「個人主義」の傾向が強い従来の心理学に対し、多様な道具や環境、他者と関係し合う社会的・文化的なプロセスに着目するのが、文化心理学の特徴の1つです。

　では、このような観点から考えた場合、「かしこさ」を捉える視点は一体どのように変わり得るのでしょうか？　これまで見てきたように、学力テストも知能検査も、「かしこさ」を徹底的に個人の特性として捉えようとする点では一致していました。このような「かしこさ」の現象を、文化心理学的な観点から捉えるというのは一体どういうことなのでしょうか？　これについてのヒン

トを得るために、ここでは実在した、ある学校について紹介をしたいと思います。

　ニューヨークのブルックリンにかつて存在した「バーバラ・テイラー・スクール」は、「教育に関する文化心理学的な考え方が反映」（ガーゲン, 1999　東村訳　2004）された、先駆的な学校として名高い場所でした。この学校は、他の学校にはないユニークな特徴をいくつも備えていました。例えば、この学校に通う4歳〜14歳の子どもたちには、「定められたカリキュラムや、年齢による画一的なクラス分け」がまったく用意されておらず、「カリキュラムは、生徒同士の、また教師との関係のプロセスを通して、おのずと生まれてくるもの」だと捉えられていました（同上）。

　カリキュラムなしで、一体どのように学校での授業は組み立てられていたのでしょうか？　この学校では、毎日の活動を作り出すきっかけとなる、ある日課がありました。「今日はどうやって学校をパフォーマンスしようか？」（Holzman, 2008 茂呂訳　2014）という問いかけです。「学校をパフォーマンスする」をもっと分かりやすく言うとすると、「学校ごっこをする」と言い換えることができるでしょう。この問いをきっかけに、生徒と教師が一緒に、学力テストを作ったり、クイズ番組ごっこをしたり、理想の都市づくりや歴史研究をしたりといった、1日の活動内容を決めていくのがバーバラ・テイラー・スクールのやり方でした。

　なぜ学校で「学校ごっこ」をする必要があるのでしょうか？　私たちは、ある場にいくと、ある固定的な役割を演じてしまう傾向にあります。例えば学校であれば、先生が話している時には自分は発言しない、発言する時には挙手をする、指名されたら起立をする、発表のときにはていねい語を使うといったように、「学校の生徒」という役割を、ごく自然に、ほとんど何も考えずに遂行します。これによって「学校」や「教室」という「場」が、その場にいる全員によって作られていきます。

　しかしこうした固定的な役割を演じることは同時に、その役割以上のことをしたり、その「場」自体を別のやり方で良くしたりしていくということを困難にしてしまいます。つまり「学校の生徒」という固定的な役割を演じることは

どんどんうまくなっていって、何も考えずにできるようになりますが、それ以外の自分やその「場」の新しい可能性を開いていくことはできなくなっていってしまう危険性があるのです。こうした「役割を演じること」と、自分の可能性を開いていくこととの関係については、第5部で詳細に取り上げますが、バーバラ・テイラー・スクールで重視されていたのは、そうした「生徒」や「教師」という役割を超えた、新しい可能性を、常にみんなが一緒に考えていくことができるという、未来に開かれた「場」を作ることであったといえるでしょう。

　このようにこの学校では、個人の「かしこさ」に焦点化するようなカリキュラムは一切存在しませんでした。このように「決められた題材を受動的に習得することよりも、共に何かをすることを通して学習するプロセス」が重視された（ガーゲン, 1999　東村訳　2004）のがバーバラ・テイラー・スクールの特色であるといえます。

■ みんなで「場」をつくるという考え方

　このような学校づくりは、文化心理学のどのような考え方をベースとしていたのでしょうか？　心理学者のガーゲン（Gergen, K.）は、次のように解説しています。

　「伝統的な教育では、生徒一人一人の『心』や『頭』（理性、知識、理解）をよりよいものにしていくことに、重点が置かれてきました。生徒には、教育的な題材が山のように与えられ、それらを学習することが期待されていました。しかし、文化心理学的な見方では、教育のプロセスの重点が、生徒の『心』から『関係』―教師と生徒の関係、生徒同士の関係―へと移ります。中でも、ヴィゴツキーは、学習の『場』は、人と人の関係的行為の網の目に存在するものであり、大切なのは『共にする』ことだと考えました。」（ガーゲン, 1999 東村訳 2004 pp.189-190）

　こうした文化心理学の考え方を基礎に据えると、「かしこさ」とは何かとい

う問いに対する考え方も大きく変わるのではないでしょうか？　バーバラ・テイラー・スクールは学力テストでも、同じ地区の公立学校よりも高い成績を残しました。しかしそこで行われた教育は個人の「かしこさ」を活動の中心にするのではなく、常に「その場をみんなで共に作る」ことが重視されていました。

　とても分かりやすく言えば、バーバラ・テイラー・スクールの教育では「かしこくない」生徒を「かしこくする」ことが目的になるのではなく、みんなが「もっとかしこくなれる」という「場」を、みんなで一緒に作っていくということが目的になっていたといえます。そしてその「場」では、誰がかしこくて誰がかしこくないのかは問題になることはありません。いわば、「かしこさ」が個人のなかにあるのではなく、「場」を作っていく協働のプロセスにこそ「かしこさ」が実現されているといえるでしょう。

　このような、「みんなでもっとかしこくなれる場」「みんなでもっと良くなれる場」が、一体私たちの生活のなかにどれだけあるでしょうか？　「かしこさ」を個人のものとして捉える視点、「誰がかしこいのか」「誰がかしこくないのか」を焦点化する視点は、このような「みんなでもっと良くなれる場」をつぶしてしまうのではないでしょうか？　この点について、さらに考えを深めるために、いよいよ本書の最後の部に移りたいと思います。

[引用・参考文献]

Binet, A. & Simon, T. (1954). La mesure du développement de l'intelligence chez les jeunes enfants.（ビネ，A・シモン，T. 大井清吉・山本良典・津田敬子（訳）(1977)．ビネ知能検査法の原典　日本文化科学社）

Cole, M. (1996). *Cultural Psychology : A Once and Future Discipline.*（コール，M. 天野清（訳）(2002).文化心理学——発達・認知・活動への文化・歴史的アプローチ——　新曜社）

Gargen, K. J. (1999). *An Invitation to Social Construction.*（ガーゲン，K. J. 東村知子（訳）(2004).あなたへの社会構成主義　ナカニシヤ出版）

Goddard, H. H. (1917). Mental test and the immigrant. *The Journal of Delinquency, 11* (5), 243-277.

Goodenough, F.L. (1936). The measurement of mental functions in primitive groups. *American Anthropologist, 38*, 1-11.

Gould, S. J.（1981）. *The Mismeasure of Man.*（グールド, S.J. 鈴木善次・森脇靖子（訳）（1989）. 人間の測りまちがい——差別の科学史——　河出書房新社）

浜野隆（2008）. 学力調査のグローバル化と教育政策　日本教育政策学会年報, 15, 21-37.

Holzman, L.（2008）. *Vygotsky at work and play.*（ホルツマン, L. 茂呂熊二（訳）（2014）. 遊ぶヴィゴツキー——生成の心理学へ——　新曜社）

柄谷行人（2006）. 世界共和国へ——資本＝ネーション＝国家を超えて——　岩波書店

経済協力開発機構（OECD）（2009）. 国立教育政策研究所（監訳）（2010）. PISA の問題できるかな？——OECD 生徒の学習到達度調査——　明石書店

大芦治（2016）. 心理学史　ナカニシヤ出版

毎日新聞（2019）. 日本の 15 歳、読解力が 15 位に急落　国際学習到達度調査　https://mainichi.jp/articles/20191203/k00/00m/040/132000c（2020.3.26）

佐藤達哉（1997）. 知能指数　講談社

サトウタツヤ・高砂美紀（2003）. 流れを読む心理学史——世界と日本の心理学——　有斐閣アルマ

鈴木大裕（2016）. 崩壊するアメリカの公教育——日本への警告——　岩波書店

鈴木朋子（2012）. 知能検査はどのようにつくられたか　サトウタツヤ・鈴木朋子・荒川歩（編著）心理学史（pp.46-47）学文社

山田哲也（2016）. PISA 型学力は日本の学校教育にいかなるインパクトを与えたか　教育社会学研究, 98, 5-28.

第 5 部

アイデンティティと発達
―― 「パフォーマンス心理学」への招待 ――

自分の現実をきちんと見つめ
直す、自分を向き合うという
のは、具体的にどういうこと
でしょうか？

Chapter 11

「自分らしさ」とは何か
■■ アイデンティティの社会・文化的側面 ■■

　第4部で指摘したことは、学校が「かしこくない」生徒を「かしこくする」ことに重きを置いた場所になりがちであるということ、そして、実は人の学習や成長は、そうした考え方以外でもアプローチすることができるということでした。この第4部の内容を引き継ぎ、この章では「みんなでもっと良くなれる場」の可能性を指摘した、文化心理学のなかでも最重要といってもいい理論を紹介したいと思っています。

　この本では、これまでに4つの質問を取り上げてきました。これらの4つの質問に対して文化心理学の観点から考察していくなかで、繰り返し批判の的となった考え方があります。「個人主義」や「行動主義」といった考え方です。この章で紹介したい質問も、こうした考え方を批判することはおそらく避けられないでしょう。

　しかしこの章では、こうした従来の考え方の批判ではなく、「じゃあどうすればいいのか」という点に特に重点を置いて話を進めていければいいなと考えています。もちろん、これまでの章でも「じゃあどうすればいいのか」について様々な説明をしてきたつもりです。ですがこの章で説明をする「じゃあどうすればいいのか」は、この本で取り上げた質問全てに何らかの形で関わる、私たちの生活全般を対象とした広い視野の話になるでしょう。

　そんな本書の「まとめ」ともいえるこの章の口火を切ってくれるのは、こんな質問です。

> 私は、負けることに慣れ、今の現実から目を背ける自分が嫌いです。自分の将来のためにも、自分の今までをきちんと振り返って、自分を見つめ直し、自分が好きになれるような自分になりたいと思っています。そこで質問です。自分の現実をきちんと見つめ直す、自分と向き合うというのは、具体的にどういうことなのでしょうか？

この質問者のいう「負けること」が一体、どのような経験を指しているのかについては、想像するしかありません。しかし、この質問が提出された私の授業が開講されている大学（仮にX大学としましょう）の現状を知る者にとっては、この言葉はある程度の説得力をもって響くものだと私は感じています。

　はじめに断っておきますが、私はX大学はとてもよい大学だと考えています。キャンパスは明るく開放的な雰囲気で、何百人も収容できる大教室から20〜30人規模の小教室まで、最新の設備が備えられた清潔な教室が整備されています。なかでも受講生全員がタブレット端末やプロジェクターを使用できる最新型の教室は、他大学に類を見ない環境です。図書館の蔵書は、これまで私が訪れた大学図書館のなかでも有数の豊かさで、私も研究上の作業でしばしば助けられています。何より、大学の至るところで、学生が大学のスタッフとして様々な活動を展開している風景がみられます。こんなに学生スタッフが活発に活動している大学を私は知りません。

　しかし、このような恵まれた環境が整っているにもかかわらず、大学受験業界では、この大学はあまりよい評価は得られていないようです。例えば複数の大学受験サイトでは、X大学の偏差値は多くの学部で50を下回ります。この数値は、受験生全体の平均より低い成績で合格できるということを意味します。また、近年よく聞く言葉で「Fラン」あるいは「Fラン大学」という言葉があります。大学をランク付けした際に、AランクやBランクから大きく離れた下位に位置する大学をこう呼ぶようですが、X大学はこのFラン大学に含まれるというのが一般的な考え方となっているようです。実際、X大学の新入生のうち半数以上は、第一志望の大学に入れずにX大学に入学した学生で、X大学が第6志望以下だったという学生も一定数います。このような状況は、おそらくこの質問の「負けることに慣れ」てきたという経験とも無関係ではないでしょう。

　さらに、この質問が提出された授業は、どの学年でも受講可能なのですが、実際には受講生の多くを1年生が占めています。この質問が提出されたのは前期の授業の終わりごろ、7月中旬の時期でした。仮にこの質問をしてくれた学生が1年生だったとすると、入学して4カ月も経たない時期だということにな

ります。このような時期の学生が、上記の質問のような敗北感をもちながら学生生活を送っていると考えると、非常に重い気持ちになるのは私だけではないのではないでしょうか。

　さて、これで質問内容の背景がある程度共有できたことと思います。ここからいよいよ本題に入り、質問に対する答えを考えていきましょう。本章でも、まずはこの質問に関わる心理学のある概念について解説することから始めていきたいと思います。ある概念とは、「アイデンティティ」です。

■■　アイデンティティとは

　アイデンティティとは何でしょう？　聞いたことがある人もいるかとは思いますが、心理学の理論をもとに説明してみましょう。

　エリクソン（Ericson, E.）は、「私はだれか」「私はどこへ行くのか」といった疑問に対する答えをみつけることこそが、青年期の主要な課題であると考えました（Atkinson et al., 2000 内田監訳 2002）。エリクソンによると、子どもから大人へと変わっていく過程において、人は、自分とは一体どういう存在なのかを積極的に定義づけるといいます。この青年期にわたるアイデンティティの発達過程をエリクソンは「アイデンティティの危機」と呼びました。この時期を乗り越え、アイデンティティを確立させることが青年期の課題であり、逆に、アイデンティティの危機が解決されなかった場合は、一貫した自己の感覚をもち得ない「アイデンティティ混乱」（同上）の状態に陥るというのが、エリクソンのアイデンティティに関する理論です。こうした危機を乗り越え、自分自身が何者なのか、自分の目指すもの、自分の人生の目的は何かといった問いに対して肯定的かつ確信的に答えられるようになった状態を、アイデンティティが確立されている状態と呼びます。

■■　映画「ファイト・クラブ」にみるアイデンティティの危機

　アイデンティティの危機とは一体どういう状態でしょうか？　また、アイデ

ンティティを確立できないことはどのような問題につながるのでしょうか？このモチーフはこれまで、様々な映画や芸術作品の題材となってきました。たとえば、私の最も好きな映画の1つ、「ファイト・クラブ」（デヴィッド・フィンチャー監督，1999年）では、このアイデンティティの危機がこれ以上ないほどスリリングに表現されています。

　この映画では、主人公に名前がつけられていません。主人公である「僕」は、高級マンションに住み、何かに駆り立てられるように欧州デザインの家具や高級ブランドの服を買いそろえ、自分の部屋を完璧な空間に仕立てることに情熱を燃やす人物です。物質的には何不自由ないはずの、一見とても豊かな生活を送っていますが、その一方で「僕」は長い間不眠症に悩まされていました。

　そんな「僕」はある日、飛行機のなかである男、タイラー・ダーデンと出会います。タイラーは「僕」と違い、破天荒で危険な雰囲気の男なのですが、どこか知的な魅力にあふれた人物でもあります。2人で酒を飲んだ帰り道、タイラーは「僕」に、あるお願い事をします。「力いっぱい俺を殴ってくれ」。2人はこれを機に、定期的に殴り合いをするようになり、いつしかそれを見に集まった野次馬たちも殴り合いに参加するようになります。こうして誕生した地下格闘クラブ「ファイト・クラブ」は次第に、世の中に不満をもち、殴り合いに興奮と、生き物としての自信を求める男たちが集まる一大組織となっていきます。

　タイラーは、資本主義や物質にあふれた社会に強い反感をもち、この世がいかに偽善にみちているかを説きます。タイラーにとっては、家具や洋服にかこまれた「僕」の生活は見るに堪えないもので、「僕」は次第にタイラーに影響されていきます。ファイト・クラブの活動やタイラーとの生活で、日々に充実感を感じ始めた「僕」は、不眠症にも悩まされなくなっていました。

　しかしタイラーに影響されたのは「僕」だけではありません。ファイト・クラブのメンバーは皆、カリスマ性を放つタイラーの言葉に強い感銘を受け、いつしかファイト・クラブは、社会に対して大小様々なテロ行為をしかけるテロリスト集団へと変貌していきます。「僕」は、タイラーと一緒にファイト・クラブを作った設立メンバーのはずなのに、いつの間にかタイラーのたくらむテ

ロ計画から置き去りにされていきます。一度はファイト・クラブやタイラーとの生活で分かりかけたはずの自分自身を、再度失ってしまった「僕」は、タイラーの計画を探るうちに、ある驚くべき真実に気づいてしまいます。

　この映画で重要なテーマとなっているのが、主人公である「僕」のアイデンティティです。物語を通して名前すら明らかにならない「僕」は、物語の序盤では、社会人として一定の成功をおさめているはずなのに、働くことの意義や生きている実感を感じられずにいる人物として描かれています。それと対極的な生き方をするタイラーと出会ってからは、「僕」は一見、生きている意味を見出したかに見えますが、それも結局タイラーあってのもので、「自分の人生とは何なのか」「自分は何者なのか」「何のために働き、何のために生きるのか」は結局分からないままです。ワイルドで活力と知性にあふれるタイラーへの憧れと、アイデンティティを見出せない自分自身との矛盾をめぐる葛藤は、この映画のクライマックスへともち越されていきます。

　序盤で描かれる「僕」の生活が物語るように、アイデンティティが確立されていないというアイデンティティ混乱の状態は、仮に一見安定した生活を送っていたとしても、不安定な精神状態につながるとされています。また、この映画では「僕」は、30代の人物として描かれており、またファイト・クラブに集まる男たちにも多様な年齢層の人びとがいます。従来は、「アイデンティティの危機」にあたる青年期とは10代後半の、性的な成熟を迎えるころまでの時期であるとされていましたが、近年は高学歴化や晩婚化等の影響で、青年期が以前よりも長期化しているといわれています。この映画で描かれたような、社会人としての生活を確立していても、自分自身が分からないままだというアイデンティティ混乱の状態は、現代の若者の姿を切り取ったものであるともいえそうです。

■ ヒットソングにみるアイデンティティの物語

　エリクソンのアイデンティティ研究は、その後の青年心理学に大きな影響を与えましたが、アイデンティティという概念が残したものはそれだけではあり

ませんでした。青年期とは自分自身を見つめ、「自分とは何か」を探し、それを見つけていく過程なのだという「物語」は、現代の私たちの人間理解にも大きなインパクトを与え、私たちが「自分とは何なのか」「生きていくとはどういうことか」を考える感覚に影響を及ぼし続けています。

　例えば私たちにとって最も身近な「自己表現」の1つ、音楽に目を向けてみましょう。誰もが聞いたことのあるヒットソングの歌詞も、その内容を詳しく見てみると「アイデンティティの危機」、つまり青年期に自分自身を探し続けるという物語や、アイデンティティが見出せない苦しさを歌った作品がたくさん思い当たります。古いところでは槇原敬之は「どんなときも。」（1991年）で自分らしくいることの大切さを、尾崎豊は「15の夜」（1983年）で自分という存在が分からない苦しさや孤独感を歌いました。私が若いころの曲でいえば、ASIAN KUNG-FU GENERATION の「リライト」（2004年）は、アイデンティティの証明としてバンドに臨む姿勢を表しています。逆に、Hi-STANDARD の「Stay Gold」（1999年）はアイデンティティを見失いながらも音楽を続ける苦しさを表現した曲だと私は受け取っています。もう少し最近ではサカナクション（2010年）やいきものがかり（2019年）が、まさに「アイデンティティ」というタイトルの曲を歌っていますね。このように、青年期において「自分とは何か」を探し続けるというアイデンティティの「物語」は、私たちの説明や理解の基盤となる「フォークサイコロジー」（p.71 参照）となっていると言ってもいいでしょう。

　冒頭で紹介した質問も、10代・20代の若者による「どういう自分になるのか」に関わる問いであり、「アイデンティティの危機」に関する問いであると解釈できます。そしてこの質問者は、この危機を乗り越えるために「自分の現実をきちんと見つめ直す、自分と向き合う」ことが必要であると考えているようです。この点について、ここでは「アイデンティティ」という概念を、少し別の角度から掘り下げていくことで、「自分と向き合う」こととはどういうことなのかについて考えていきましょう。

■■ アイデンティティの政治学

　まず最初に、「アイデンティティの政治学」という観点を紹介します。この観点が教えてくれるのは、アイデンティティというものの社会的・文化的な側面です。

　本書ではこれまで、記憶や学習、コミュニケーション、かしこさという４つのトピックについて、「文化心理学」の観点から考えを深めてきました。これらのトピックで繰り返し述べてきたのは、記憶であれ学習であれ、人間の心に関する様々なことがらは、頭のなかの仕組みだけで説明できるものではなく、外部の道具や環境と関わり合いながら進行する社会的・文化的な出来事なのだ、と捉える考え方です。

　そしてこのことは、アイデンティティについて考える時も例外ではありません。アイデンティティも、実は私たちの内面に存在するものではなく、私たちの体を超えて様々なものと関係し合う、社会的・文化的な現象なのです。

　「アイデンティティとは社会的・文化的な現象である」とは、一体どういうことでしょうか？　例えば生まれた国や地域が、「自分とはどういう人なのか」に大きな影響を及ぼしているという人は少なくないでしょう。大学や会社のような、様々な地域から人があつまる場所だと、初めての自己紹介では多くの人が、何らかの形で出身地にふれるでしょう。海外に行った際にも同様に、自分自身の紹介と日本という国の文化や国民性をからめるという自己紹介の方法は、とても一般的なものではないでしょうか。

　このような「〇〇人」というアイデンティティを強固にもつ人びとは、時にこれを「DNA レベルで埋め込まれている」などと言い表したりします。しかし、こうした〇〇人らしさを、私たちが生まれつきもっているようなものだとか、私たちの内面だけで成立するものだと考えるのは無理があります。むしろ、生まれた時から育ってきた環境やそこでふれてきたもの、経験などを通して構築されたものであると考えたほうが自然でしょう。

　このことは、第２部第５章で出てきた「状況的学習論」を思い出せば、よりスムーズに理解できるでしょう。状況的学習論とは、学習を単なる知識や技術

の獲得ではなく、あるコミュニティに参加し、そのコミュニティに特有の様々な「よさ」を共有していく過程であると捉える理論でした。ヘビメタやヒップホップのようなコミュニティと同じく、冬の朝の味噌汁のうまさや「和の精神」といった、私たちが当たり前に感じる「日本人らしさ」も、私たちが生まれた瞬間から「日本人」というコミュニティに参加していく過程で培われたものであるといえるでしょう。

　このことは、「〇〇人らしさ」だけに限った話ではありません。「男らしさ」や「女らしさ」、「スポーツマンらしさ」といった「〇〇らしさ」というアイデンティティは、全てその「〇〇らしさ」を共有するコミュニティと切り離すことはできません。このことを考えるだけでも、「アイデンティティとは社会的な現象である」という言葉の意味が少しずつ分かってきたように感じていただけるでしょう。つまり、「アイデンティティとは、先天的で内的なものなのではなくて、様々なコミュニティと関わり合うことで培われる後天的なものなのだ」という理解です。

■ 作り上げられる「〇〇人らしさ」

　しかし「アイデンティティとは社会的な現象である」という言葉は、このことだけにとどまらない、はるかに重要な意味をもちます。例えば、私たちが信じる「日本人らしさ」が、実は日本人ではない誰かが勝手に、自分たちに都合のいいように決めたものであるとしたらどうでしょうか？

　これは単なる空想上の陰謀論ではありません。例えば文学研究者のサイードは、エキゾチックで神秘的な「東洋」というイメージが、実は西洋の人びとによって作り上げられたものであることを指摘しました（Said, 1978 板垣・杉田監、1993）。西洋の伝統における文学や学術研究、政治家の発言を詳細にみていくと、彼らが「東洋と西洋との間には埋めることのできない本質的な差異がある」という考え方を繰り返していることが分かります。こうした思考様式を共有し実践することによって、西洋の人びとからみた「異質なもの」としての東洋人のイメージが作り上げられ、そしてこのイメージが、西洋の帝国主義によ

る東洋の植民地化を正当化するために用いられたのです。

　私たちが共有する「日本人らしさ」も同様です。例えば小暮（2008）は、アメリカの有名な雑誌であるナショナル・ジオグラフィックに掲載された日本人の記事や写真の分析を通して、「ゲイシャ・ガール」や「サムライ」といった「日本らしさ」がどのように作り上げられていったのかについて、詳細な分析を行っています。例えば「ゲイシャ・ガール」の場合、写真を撮るために用意された着物姿の女性や花などの装置、浮世絵風のポーズによって、「日本人女性の本質（心・精神）は、美しい着物に包まれた野生的に美しい花」（同上）であるという「フィクション」が作り上げられました。おもしろいのは、1938年までは頻繁に雑誌に掲載されていた「ゲイシャ・ガール」というイメージが、第二次世界大戦が始まり、日本が敗戦するまでの間、姿を消してしまったという事実です。小暮はこのことを、アメリカの敵である日本は「着物に身をまとった女性ではなく軍服を着た男性」であるというように、戦争のなかで日本の表し方が変化していった結果であると指摘しています。このように、私たちの考える「日本人らしさ」のイメージは、私たちが独自に築き上げてきたものなのではなく、実は他国の政治的な意図のもとで作り上げられてきたものでもあるのです。

■■ フェミニズムと「男らしさ」「女らしさ」

　アイデンティティに関わる「○○らしさ」が、実は政治的に作られたものであるという事態は、上に述べたような国・地域に関するものに限りません。例えば「性別」に関するアイデンティティについて考えてみましょう。

　「フェミニズム」と呼ばれる学問領域があります。この領域では、性別を表す言葉として「セックス」と「ジェンダー」という2種類の言葉が使い分けられています。「セックス」は生物学的な性別、つまり身体的特徴としての性別を表します。これに対し、もう1つの「ジェンダー」という言葉は生得的なものというよりも、社会的・文化的な性別、つまり社会的な規範や期待される役割としての性別を表すとされています。なぜこのような使い分けが必要なので

しょうか？

　心理学の世界では、古くから「性差」、つまり男性と女性の間の様々な本質的差異についての研究が盛んに行われてきました。「男性は理性的で、女性は感情的だ」とか「男性は女性より空間認知能力が優れている」というような研究です。こうした研究の源流の１つが、有名なフロイト（Freud, S.）の精神分析理論にあります。フロイトは、人の人格は生まれ落ちたその瞬間に、ペニスがあるかどうかで決定的に決まると考え、性差は「解剖学的宿命」であると考えたのです。

　しかし、その後様々な研究によって、この考え方は否定されるようになっていきます。例えば、性別の判断は、生まれた時の性器の外見上の形によって医師が判断しますが、実はこの判断にはまれに間違いが生じます。何らかの原因で男児の性器が通常よりも小さかったり、女児の性器が大きかったりした時に、この間違いが起こりやすくなります。もしフロイトのいうように、「男性らしさ」「女性らしさ」が、生まれつきのペニスの有無で決定するなら、医師がたとえ男児と女児の判断を間違えてしまったとしても、ペニスをもった男児は男性らしく、ペニスをもたない女児は女性らしく成長するはずです。

　しかし実際にはそうではありませんでした。マネーとタッカー（Money & Tucker, 1975 朝山訳 1979）は、出生時の判断の間違いによって男もしくは女として育てられ、第二次性徴期に性別の判定の間違いに気づいた人びとの診察にあたっていました。こうした人びとは、「セックス」としては男性（女性）であるにもかかわらず、それに気づくまでは「ジェンダー」としては女性（男性）として生きてきたというように、「セックス」と「ジェンダー」に食い違いが生じた人びとであるということになります。

　こうした人びとに対して、マネーらは当初、「セックス」に合わせるように「ジェンダー」を変えていこうとしました。つまり例えば、ペニスをもって生まれたにもかかわらず女性として育てられた人に対しては、ペニスをもっているという「セックス」としての性別に合わせるため、患者に「あなたは実は女性ではなく、男性だったのですよ。だから今からでも男性らしくなりましょうよ」と働きかけたのです。「セックス」を変えるためには、身体的な改造のた

めの外科手術が必要になり、それにはお金も時間もかかるし、苦痛や身体的負荷も大きくなります。そうではなく「ジェンダー」を変えようというマネーらの判断は、一見合理的なものでした。

　しかし実際には、そう簡単にはいきませんでした。マネーらはすぐに、患者たちが自分を男と思うか女と思うかという「性自認（ジェンダー・アイデンティティ）」は、患者らが医師のもとを訪れる年齢のころには既に強固に形成されてしまっており、それを変えることは容易ではないということに気づきました。そして強固に形成されたジェンダーを変えようという指導を強制すると、患者はアイデンティティを見失い、自殺にさえ追い込まれかねないこともありました。多くの患者はその代わりに、身体的な苦痛の多いはずの外科手術によって「セックス」を変えることを希望したのです。

　こうした数々の研究から、マネーらはそれまでの、性別とは生まれもった「セックス」で決まるものであり、性差とは解剖学的宿命なのだという考え方を否定するに至りました。マネーらは、「セックス」と「ジェンダー」は全く別のものであること、そして後天的に育まれたジェンダーが、その人のアイデンティティに対していかに強い拘束力をもつのかを明らかにしたのです。

　では、ジェンダーは一体どのようにして育まれるのでしょうか？　多くの場合、TV番組やおもちゃといった、子どもに与えられる様々なものは、あらかじめ「男の子向け」「女の子向け」といった区別がされています。男の子にプリキュアのおもちゃを買ってあげたり、女の子に仮面ライダーのパジャマを選んだりする行為は、奇異なものとして扱われるのが一般的でしょう。あの有名なレゴも、ディズニープリンセスなどをテーマとした商品では、ブロックの色自体をパステルカラーに変更するなどして、その商品が女の子向けのものであることを明らかにします。p.81で示したよだれかけの例をみると、こうした男の子／女の子というジェンダーを構成する実践が、その子が生まれるよりも前から進展していることが分かるでしょう。このように、私たちは人が生まれた瞬間、もしかしたらそれより前から、その人が男の子である、女の子であるという現実を作り出す、「ジェンダーの実践」を始めます。ジェンダーは、このような実践によって構成される、社会的な現象なのです。

■ ジェンダーがうむ抑圧

　こうした「ジェンダー」には、様々な「性役割」がつきまといます。女性は優しくあらねばならない。女性は気配り上手でなければならない。女性は子育てをしなければならない。まだあります。女性は家事をしなければならない。女性は料理がうまくなければならない。女性は化粧をしなければならない。だけど電車のなかで化粧をする女性ははしたない。以上のことを守れない女性は「女子力がない」などといわれたりします。「ジェンダーの実践」は、男性と女性という境界を生成し維持するだけでなく、このような、よく考えれば理不尽極まりないような様々な要求を女性に押し付け、それに当てはまらない女性をさげすむことを含む場合があります。私たちのアイデンティティはこうしたジェンダーの実践をもとに成り立っているのです。

　このような、「ジェンダーの実践」によって押し付けられる「女性らしさ」の多くは、古い社会の形式である「家父長制」に由来します。かつての社会は、父が仕事をして家族を養い、母は家庭を守るという家族のあり方が当たり前でした。そうした社会では当然、政治や社会の作り方を担う人材も男性が中心になる一方で、自立できる収入のない女性の立場はどんどん弱くなっていきます。このようにして、どんどん男性に有利で女性に不利な社会の仕組みが出来上がっていった結果が、今の社会なのです。私たちの考える「男らしさ」「女らしさ」とは、自然なものでは決してなく、こうした経緯のなかで作られてきた、政治性の強いものであるということができます。

　このような男女間の不平等は、世界的にも問題視され、様々な国が改善に取り組んでいます。しかし 2019 年 12 月に発表された世界経済フォーラムの調査では、男女間の社会的な不平等を表す「ジェンダーギャップ指数」の調査の結果、日本は 153 カ国中 121 位という結果に終わっています。前年の結果が 110 位だったことも考えると、いかに日本の社会が世界的にも「男女不平等」な社会なのかが分かるでしょう。

　こうした、女性をとりまく構造的な不平等の存在が露わになったのが、2018 年の医学部不正入試事件（第 8 章 p.84, 85 参照）であったことは、この本をここ

まで読んできたみなさんなら容易に理解できるでしょう。この問題では、複数の大学の医学部が、入試の段階で女性や浪人生など特定の受験生の得点を一律に減点するなど、不正な処理を行っていたことが明らかになりました。この時、様々なメディアで、「医療現場の労働環境の過酷さを考えると、男性を優遇することはやむを得ない」という意見が散見されました。しかし、そもそも長時間労働をせざるを得なかったり、出産や育児のために女性が職場を離れることにより業務が回らなくなってしまったり、休暇後の女性が復職しづらかったりする医療現場やそれに関する制度設計のほうがおかしいのであり、そうした組織や制度こそが変わらなければならないことは明白です。にもかかわらず、理不尽を女性の側にのみ押し付け、女性への差別を正当化してしまう論理を、この社会は時に生んでしまいます。こうした構造的な不平等の存在を指摘し、それに対抗するために発展してきたのが、フェミニズムという考え方なのです。

■■ フェミニズムは女性だけの学問ではない

また、フェミニズムを勉強することは、女性の立場を擁護するために役立つだけではありません。フェミニズムの観点に立つことで、「女らしさ」と相補的に発展する「男らしさ」が男性を苦しめるという事態にも焦点を当てることができます。

例として、テレビドラマや映画にもなった漫画「ツレがうつになりまして。」（細川, 2006）のワンシーンを紹介したいと思います。作者のツレ（夫）が仕事のプレッシャーなどからうつ病を発症してからの、妻である作者と夫の生活をユーモラスに描き、話題を呼んだ作品です。

あるシーンとはこういうものです。その日はツレの40歳の誕生日でした。めでたい日であるにもかかわらず、ツレはふとんにくるまってしくしくと泣いています。妻は「ケーキ買ってきてあげる」「何かプレゼント買ってあげる」などとツレをはげまそうとしますが、ツレはなかなか元気になりません。「せっかくの40歳の誕生日なのに」と言った妻に対して、ツレは「よんじゅ

うって言うなあ」と泣きながら訴え、自らの気持ちを吐き出します。

　ツレはこう言います。「40歳になんかなりたくなかった。こんなはずじゃなかった。」ツレは40歳の自分の姿として、家をもっていて、バリバリ仕事をし、役職につき、自立した妻と2人くらいの子どもと生活している姿を想像していたと言います。そんな理想の自分と、家もなく病気のせいで無職になってしまった今の自分とを比べたツレは、「こんな40歳じゃヒトサマにあわせる顔がない。特に両親には申しわけなくて二度と会えないよ」と告白したのです。

　このシーンでツレが述べる「理想の40代」は、ツレが自分の夢や希望としてもっていたものではなく、「大人の男とはそういうものだ」という、いわば社会的に作り上げられた性役割に基づいたものであるといえます。実際には、男に生まれたからといって会社で出世しなければいけないわけではないし、家計を1人で支えなければいけないわけでも、家を買わないといけないわけでもありません。このシーンは、社会的に作り上げられた男性像に押しつぶされそうになったツレの苦しみを表しているといえるでしょう。そしてフェミニズムは、女性だけでなく、こうした理不尽な性役割に苦しむ男性をも救う視点となり得るのです。

■ 回答1：自分に向き合うこととは

　さて、ここでいったん、質問への回答を考えてみたいと思います。ここまで説明してきたように、「アイデンティティ」を構成する様々な「〇〇らしさ」は、実は人びとの社会的・政治的なやりとりのなかで作り上げられます。これを考えると、アイデンティティの確立のために自分自身と向き合うということは、必ずしも「内なる自分」と向き合うことだけを指すものではなくなってくるでしょう。

　自分自身を見つめるということは、自分の内面というよりも、自分を構成する様々な「〇〇らしさ」が、この社会のなかでどのように作り上げられたものなのかにも目を向けるということであるといえます。そして、アイデンティティの政治学やフェミニズムが明らかにしてきたように、「〇〇らしさ」の社

会的側面に注目することは、多くの場合、何らかの社会的・政治的課題に向き合うということでもあります。そうした社会に対する視線を抜きにしては自分のアイデンティティを理解することができないといえるのではないでしょうか。

「これから」の自分を考えるために

■■ パフォーマンス心理学への招待 ■■

　前章で、いったんこの質問に対する回答は得られたかのように思えるでしょうが、ここではさらに「どうしたらいいのか」を掘り下げるために、別の観点を導入したいと思います。なぜでしょうか？　上で答えた回答は、「自分と向き合うというのは、具体的にどういうことなのか」という質問に対する回答でした。しかしこの質問をみると、「自分を見つめ直し、自分が好きになれるような自分になりたい」と書いています。この文言から、「現在」の自分を理解するというような回答だけでは不十分であり、もっと「これから」の自分に目を向けるための考え方が必要なのではないかと感じたのです。

　この、未来に向かった質問者の思いに応えるために、本章ではさらに「パフォーマンス心理学」という観点について紹介します。この観点から、「アイデンティティの確立」という物語について再考してみようと思います。

　エリクソンのアイデンティティ研究は、青年期を乗り越えるためにはアイデンティティを確立させることこそが最も重要な課題だという強固な物語を私たちの世界に残しました。「アイデンティティの確立」は、私たちが生きていくことにどのように関わるのでしょうか？

　ホルツマン（2009 茂呂訳 2014）は、伝統的なアイデンティティ概念の「一度形成されると、生涯を通して変化することはない」という特徴を指摘したうえで、こうしたアイデンティティ概念が私たちの生き方に対して限定的な意味しかもち得ないという欠点を指摘しています。その欠点とは、この概念が私たちの「発達」に結びつかないという点です。

　アイデンティティがもし、青年期に確立されるべきものなのであるとしたら、私たちは青年期以降、変わらないアイデンティティをもちながら生きていくのだということになります。本当にそうでしょうか？「自分とはなにか」という問いに対する答えは、大人になったら一生変わらないものなのでしょう

か？　パフォーマンス心理学では、そうは考えません。次節では、このことについて重要な示唆を与えてくれる、パフォーマンス心理学の重要な概念を紹介します。

■■ 「being」（〇〇である人）と「becoming」（〇〇になる人）

パフォーマンス心理学の重要な概念に、「being」（〇〇である人）と「becoming」（〇〇になる人）というものがあります。パフォーマンス心理学では、人とは常に、being な存在であるだけでなく、同時に becoming な存在でもあると考えるのです。

私たちは、ありのままの姿であるだけでなく、常に「〇〇としての自分」をパフォーマンスして（演じて）います。「パフォーマンスしている」とか「演じている」というと、嘘をついている、自分を偽っていると思われるかもしれませんが、そうではありません。私たちは常に、「〇〇としての自分」を他者に示し続けることで日々を送っています。例えば友達とくだけた口調で話したり、ボディタッチをすることは、その友達と自分がいかに親しい間柄なのかを自分たちやほかの人たちに示すことになります。こうした「親しい友達」としてのパフォーマンスなしでは、「〇〇君と友達である自分」でいることはとても難しくなります。

また、みなさんはお父さんやお母さんが、昔からの友達と話している様子をみて、「いつものお父さん・お母さんとちょっと違うな」と感じたことはないでしょうか？　親というのは多くの場合、子どもの前では「親らしく」ふるまおうと努めるもののようです。しかし昔からの友達と会った時に、「ちゃんとシャツはズボンの中にいれなさい」とか、「最近、友達とはどうなんだ」とか、「ごはんちゃんと食べてる？」といったような「親のふるまい」をすると、途端におかしなことになってしまいます。同じように、私たちは常に、様々な場面で「高校生である自分」「先輩である自分」「新入りである自分」「恋人である自分」をパフォーマンスすることで日々を送っています。このような、「〇〇である自分」になろうとし続ける私たちを示すのが、

「becoming」（○○になる人）という人間理解なのです。

　この観点から、改めて伝統的なアイデンティティ概念を見てみるとどうでしょうか？　伝統的なアイデンティティ概念は、一度確立されたらそれ以降変わることのないという点で、being な側面しか見ようとしないものであると考えられます。一度確立されたら不変のアイデンティティというのは、その人が今「どういう人であるのか」を問うものであり、「どうなるのか」や「どうなろうとしているのか」にはあまり目を向けようとしないものである点に限界があるといえるでしょう。

　このような、私たちの being な側面にのみ注目する伝統的なアイデンティティ概念を中心にすると、「自分を見つめる」ということも、今の自分がどういう人であるのかという being な側面のみを考え続けるということになってしまいます。しかし既に述べたように、「自分を見つめ直し、自分が好きになれるような自分になりたい」というこの質問者の思いは、もっと未来に目を向けたものであるはずです。やはり「アイデンティティの確立」という伝統的な物語では、この質問に答えることは難しそうです。

　では、どうすればいいのでしょうか？　ここで必要になるのが、「発達」という観点です。次の節では、この概念を学ぶことから、冒頭の質問について改めて考えてみましょう。

■■　発達とはなにか：ピアジェの発達段階理論

　「発達」も、私たちの生活空間にあふれている言葉ですね。例えば、「発達段階」という言葉を聞いたことがある人も多いのではないでしょうか。子ども向けの塾や音楽教室など、様々な場所で「発達段階にあわせたプログラム」といった文言が見られます。「発達段階に合わせる」とは一体どういうことなのでしょうか？

　実は心理学の世界では、多くの研究者が多様な発達段階理論を提唱しているのですが、そのなかでも最も有名なものの１つが、ピアジェ（第4章 P.35 参照）の提唱した発達段階理論です。この理論を考えるために、ピアジェはいくつか

図 12-1 （福田, 2020, P.16）

の有名な実験を行いました。

　例えば「対象物の永続性」を調べる実験では、「たとえあるものが視界から見えなくなってしまっても、それはずっとそこにあり続ける」というスキーマを子どもが理解しているかどうかが扱われました。このことを考えるためにピアジェは、子どもが手を伸ばそうとしているおもちゃを布でおおってしまうという実験を考えました（図5−1参照）。実験の結果、生後8カ月の幼児の場合、おもちゃが隠されてしまうと、幼児はおもちゃを探すことをやめ、まるでおもちゃがもはや存在しないかのようにふるまいました。しかし生後10カ月の幼児になると、おもちゃを布で隠しても、幼児は積極的に布で隠されたおもちゃを探そうとしました。このことから、「対象物の永続性」という概念が、生後8カ月から10カ月の間に芽生えるらしいということが分かります。

　別の実験で焦点となったのは、子どもが他者の視点を理解する能力です。この実験では、3つの山の模型を使って、子どもの座っている位置とは異なる位

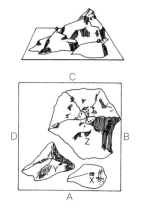

置から見ると、その山がどのように見えるのかという課題が用意されました（図12−2参照）。実験の結果、幼児の多くは、自分の座っている位置からの見え方を、他の位置からの見え方と混同して答えてしまう傾向があることが分かりました。この傾向のことをピアジェは「自己中心性」と呼び、幼児が物事を見るやり方の特徴であると考えました。また子どもがこの「自己中心性」から抜け出し、この課題に完全に成功するのは、9〜10歳以降であることも分かりました。

　「対象物の永続性」の理解や「自己中心性」

図 12-2 （Piaget & Inhelder, 1956；
　　　　福田, 2020）

からの脱却といった子どもの変化は、新しい知識が1つ増えたというようなものではなく、物事の見方が根本的に変わったという変化であるといえます。これらの研究からピアジェは、子どもの発達は直線的に進んでいくだけではなく、いくつかの区切りのようなものがあり、その区切りごとに物事の見方や考え方が根本的に転換する時期が訪れるのだと主張しました。

　具体的には、生後2歳ごろまでの子どもは「感覚運動的知能の時期」にあるといわれ、周囲の環境との直接的な関わり合いを通して外界の知識を獲得し、簡単な予測的な行動ができるようになっていきます。7〜8歳ごろまでの子どもは、その次の段階である「前操作の時期」であるといわれ、物事を言葉やイメージに置き換えて記憶する「シンボル機能」が発達し、頭のなかで言語的に物事を考えることができるようになります。しかしこのころはまだ、自己中心性の傾向が強く残っています。7、8歳〜11、12歳ごろの「具体的操作の時期」になると、子どもは自己中心性から抜け出し、客観的に物事を考え、ものの形が変わっても重さは変わらないといった「保存の概念」を獲得します。このころは論理的に物事を考えることもできるようになりますが、実際の事物を使った具体的な課題に限られます。次の11〜14歳ごろの「形式的操作の時期」になると、具体的な事物ではなくても、抽象的に物事を考えることが可能になります。ピアジェはこのような、子どもの物事の見方や考え方が質的に転換する時期は、子どもや文化によって異なるが、その順番はどのような子どもであっても変わらないと考えたのです。

　ピアジェの発達理論は、子どもの発達においていくつかの根本的な転換が生じることを示しました。つまり子どもの認知発達は、できることが単純に増えたり、そのスピードが向上したりするという「量的な向上」だけではなく、物事の見方・考え方という本質そのものが転換する「質的な変化」を伴うものなのだと考えたのです。このように、発達を「質的」な転換であると捉えたことが、ピアジェの発達段階理論の革新的な点でした。この理論に基づくと、たとえば「前操作の時期」の子どもに、客観的な視点が必要な課題（例えば、3つの山課題）をいくら練習させてもあまり意味はなく、その時期の子どもの見方・考え方の特徴に合わせた学習課題を与えることが重要だということになりま

す。これが、「発達段階に合わせる」という言葉のもともとの意味です。

発達と学習の関係

　このように、ピアジェの発達研究は現代にも残る有用な視点を提供してくれましたが、しかしその発達観にはいくつかの限界があります。このことについて考えるために重要なポイントの1つが、「発達」と「学習」の関係です。

　ピアジェの考え方をもとにすると、子どもが学習するべき課題は、発達段階に合わせたものが望ましいということになります。発達段階に合わせるということは、既に述べたように、その時期の子どもの見方・考え方の特徴に合わせるということですが、これは言い方を変えると、その時に「既にできるであろう」と予想できる課題を与えるのが望ましいということであり、「発達して『既にできるようになった』ことを学習する」ということになります。つまり、ピアジェの発達段階理論を基盤とすると、学習とは、「既にできるようになったこと」の確認をするだけの行為になってしまうのです。

　私たちは、何ができるようになったかを確認するためだけに学ぶのでしょうか？　決してそうではないはずです。学習とは、新しいことに挑戦するためのものであるべきでしょう。しかし「発達段階に合わせる」という、よく耳にする言説の背景には、実はこのような非常に限定的な発達観があるのです。

　ヴィゴツキーは、こうしたピアジェの限定的な発達観に異を唱えました。ピアジェの考え方では、「発達の進行を探し進めたり，その方向を変化させたりするというよりも，発達の成果を利用するに過ぎない」（Vygotsky, 1935 土井・神谷訳 2003）ものとなります。ヴィゴツキーはそうではなく、学習というのは、発達をおし進めたり、その方向を変化させるといったように、発達に大きな影響を与えるものであると考えたのです。

　こうした学習と発達の関係を説明する際にヴィゴツキーは、赤ちゃんが言葉を学ぶ場面を例に挙げます。例えば、まだ言葉を話せない赤ちゃんが「バブバブ」「ダアダア」と声を上げていたとします。この時、周りにいる大人たちはたいてい、「よちよち、おなかすいたねー」「あーおむつぬれちゃったねー」

「うんうん、たのしいねー」などと、赤ちゃんと「会話」をします。この時、赤ちゃんは発達段階としては「まだ言葉を知らない」「言葉を話せない」状態にあります。しかし周囲の大人たちは、そんなことはおかまいなしに、赤ちゃんと「会話」をし、まるで赤ちゃんが言葉を話せているかのようにふるまいます。このような環境のなかで、赤ちゃんは今の発達段階をはるかに超えて「話者」としてふるまい、それを通して生まれてからわずかな期間に急速な成長をとげ、立派に話せるようになっていくのです。

　このような、赤ちゃんが「話者」としてふるまえる環境を、大人たちは意識して作り出しているわけではありません。周囲の大人たちにとっては、赤ちゃんと関わるということはそもそもそういうものなのです。私はこのことを、娘が生まれた日に体験しました。

　私の娘は平日の朝に生まれたのですが、その日の夜、仕事を終えた義理の両親が、病院にお見舞いにきてくれました。その時、義理の両親は、生まれてから12時間ほどしか経っていない、まだ目も開いていない娘に対して、言葉をつくして語りかけていました。この時、義理の両親がやっていたのは、赤ちゃんの発達段階に合わせるといったようなことでは全くありませんでした。その姿を見ながら私は、義理の両親だけでなく、自分も意識せずに赤ちゃんに対してそのような働きかけをしていたこと、そしてその時の体験を自分は、「まだ言葉を話せない人」に一方的に話しかけているのではなく、豊かなコミュニケーションをとっていたというように体験していたことに気づきました。

■ 「やり方を知らないこと」についての学習

　このような場面では、赤ちゃんの発達段階は、言葉をしらず、言葉の意味も分からず、発音もできないという、まるで「話者」とはいえない水準のものであるといえます。しかし周囲の大人たちのこうした働きかけによって、赤ちゃんはその水準をはるかに超えた「言葉を話す」という学習を体験します。つまりこの場面では、赤ちゃんは周囲の大人たちとの関わり合いによって、発達段階をはるかに超えた学習を行っているのです。

赤ちゃんや幼い子どもの生活は、このような発達段階をこえた学習であふれています。子どもたちは遊びのなかで、正しいダンスのステップを覚える前から自由に踊ります。ほうきを使って、弾き方を知らないギターやバイオリンを弾きます。おままごとでは、自分が何歳なのかにかかわらず、大人を見事に演じてみせます。大人にはこれらの光景はとても微笑ましいものに見えますが、子どもはこのように日々の遊びのなかで、やり方をまだ知らないことを、やり方を知らないまま、まるでそれができるかのようにパフォーマンスをし続けます。そしてこのような、やり方を知らないことについての学習が、子どもたちの発達を飛躍的に引き上げるのです。

　そして、子どもたちがやり方を知らないことに取り組む時、そこには常に大人や同年代の友達などの他の人がいます。子どもは常に、他者と協力し合うことで、互いのパフォーマンスを可能にしています。言い換えると、この「他者との協働」のなかで、子どもたちはお互いに、「1人ではできない」けど「仲間と協力すればできること」を、可能にしあっているのです。

■■ 「発達の最近接領域」理論とは

　ヴィゴツキーは、この「1人ではできない」けど「仲間と協力すればできること」のことを、「発達の最近接領域（Zone of Proximal Development, ZPD）」と呼びました。仲間と協力して、今の自分には少し難しいことに取り組んでいると、そのうちその課題は、自分1人でもできるようになるのだとヴィゴツキーは考えました。つまり、「1人ではできない」けど「仲間と協力すればできること」というのは、近い将来1人でもできるようになる、発達の未来の可能性を示すもの、「発達に最も近いもの」であると考えたのです。

　ZPDという理論は、いくつかの点で、ピアジェの発達理論とは大きく異なるものでした（表12-1参照）。第1に、この概念では学習がその後の発達に大きな影響を与えるものとされ、学習に大きな意味があることが示されました。第2に、この概念では子どもを、その時点でどのようなことができるのかという「being」（○○である人）な存在ではなく、仲間と協力しながら今の自分を超

え、どのようなことができるようになろうとしているのかという、「becoming」（○○<u>になる</u>人）な存在として考えるものでした。人の発達とは、自然な成熟ではなく、他者と協力しながら、1人ではできないパフォーマンスを行うことなのだと考えたのが、ZPD という理論だったのです。

表12-1　ピアジェとヴィゴツキーの発達観の違い

	ピアジェの「発達段階」理論	ヴィゴツキーの「発達の最近接領域」(ZPD) 理論
学習と発達の関係	学習する課題は、発達段階に合わせる必要があると考える ＝発達して「既にできるようになった」ことを学習する	「一人ではできない」けど「仲間と協力すればできること」に取り組むことが、発達を引き上げると考える ＝発達段階を超えた「やり方をまだ知らない」学習課題に取り組むことが重要
子どもの捉え方	「その時点でどのようなことができるのか」が重要 ＝「being」（○○である人）な存在として子どもを理解	「仲間と協力しながら今の自分を超え」ることが重要 ＝「becoming」（○○になる人）な存在として子どもを理解

■ アイデンティティとはパフォーマンスするもの

　さて、この概念から再び、アイデンティティについて考えてみましょう。伝統的なアイデンティティ概念は、一度確立されたらそれ以降変わることのないものとされており、その人が今「どういう人であるのか」という、「being」な存在としての人間理解が基盤となっていました。これに対して、「becoming」な人間理解や、「発達」という概念を基盤とすると、アイデンティティの捉え方はどのように変わるでしょうか？

　既に述べたように、私たちは常に「○○君と友達である自分」や「先輩（後輩）である自分」「高校生である自分」「大学生である自分」といったような、「○○としての自分」をパフォーマンスしながら生活しています。このパフォーマンスは、生活の全ての瞬間にあり続けます。

　そしてこのことは、幼い子どもの場合も例外ではありませんでした。特に幼

い子どものころのパフォーマンスには、ある重要な特徴があります。それは、パフォーマンスが常に「1人ではできない」けど「仲間と協力すればできること」に関するものになっているということです。例えば言葉を話せない赤ちゃんでも、常に周囲の大人たちとの協力のなかで、「話者である自分」をパフォーマンスしていました。また、みなさんは幼い子どもが、文字が読めないはずなのに大人の真似をして絵本などを音読しているふりをするのを見たことがありませんか？　この時も、子どもは「本を読む自分」という、今の自分にはできないパフォーマンスをしています。そして周囲の大人たちはそれを、「そのページにはそんなこと書いてないよ」などと言って制止することはせず、「すごいね、本読めるんじゃん」などといったような働きかけをします。このような関係のなかで、子どもたちは常に「頭一つの背伸び」（Holzman, 2008 茂呂訳 2014）をした自分をパフォーマンスしているのです。

■ パフォーマンスの固定化と、「〇〇らしさ」という鎖

　しかし、大人になるにつれて、こういう背伸びしたパフォーマンスの機会は徐々に減っていってしまいます。なぜでしょうか？　ヴィゴツキーの発達理論に基づいてさまざまな社会実践を行うホルツマン（Holzman, L.）はこう指摘します。

> 「アイデンティティは、世界に開かれたり洗練されたりすることへの（意図せざる）抵抗ないし沈黙である。（中略）私たちは皆、アイデンティティによって制約されている。時や場所によって度合いもさまざまであるが、自分のキャラクターをはみ出して何かするのは、心地よくないし怖い。」（Holzman, 2008　茂呂訳 2014）

　「自分らしさ」を確立するということは、「自分らしくなさ」を捨てていく過程でもあります。それを続けていくにしたがって、徐々に「自分らしくない」ことをすることに、居心地の悪さを感じることになります。それによって、私たちは次第に、意図しないうちに、常に自分が心地の悪さを感じない「自分ら

しい」行動を自動的に選択するようになっていくのです。

　意図せずに行為される「自分らしさ」や「○○らしさ」は、それ自体は悪いものではありません。例えば授業中の教室の秩序を考えてみましょう。私たちは特に何かを意図することなく、席に座り、先生を「先生」と呼び、先生が話している最中は大きな声を出さないようにし、できるだけ教科書やノート、黒板などを注視するようにします。こうした「生徒らしい」行動のひとつひとつが、授業や教室という秩序を作り上げているのであり、逆にこうした行動がなければ、授業は成立しなくなってしまいます。この例に限らず、ある秩序が保たれているのは、その場においてふさわしい「○○らしさ」を皆が実践しているからであるといえます。

　しかし、こうした「○○らしい」行動ばかりを自動的に繰り返し、それが固定化されてしまうと、「頭1つの背伸び」をするような機会はどんどん減っていってしまいます。「頭1つの背伸び」は、今の自分や、その場での自然な行為とは少し違ったパフォーマンスをすることであり、それはアイデンティティを確立した私たちにとってはとても居心地の悪いものであるからです。私たちはこのようにして、「自分らしさ」やいつもの「○○らしさ」を再生産し続けることに安心感を覚え、それ以上の行動をすること、発達することからどんどん遠ざかってしまうのです。

　このことを私が強烈に感じたのが、私が担当するある授業のなかの一場面でした。その授業では、学生たちがグループになり、それぞれが書いてきたレポートの内容について添削をし合うという場面がありました。いくつかのグループのうち、ある1つのグループは、大学に入学した当初からの友人同士が集まったグループでした。私は、仲の良い友人同士だから、レポートの添削についても、知らない人同士が集まった他のグループよりも踏み込んだ指摘をし合い、活発な議論が行われることを期待していました。

　しかし実際には、そのグループの話し合いは、驚くほどにほかのグループの様子と似通っていました。互いのレポートに対して指摘し合う内容も、他のグループに比べて踏み込んだものになっておらず、表面的なことばかりが話し合われていたことにも驚きましたが、私が最も目を疑ったのは、話し合い中の学

生たちのふるまいでした。学生たちのふるまいは、声の出し方や、相手の目を見ずに手元のレポートばかりを見つめる様子、そして「〇〇したほうがいいと思いました」「ありがとうございます」という友人同士とは思えない他人行儀な言葉遣いまで、まるっきり他のグループと同じものでした。

　なぜ学生たちは、このように全く同じふるまいをすることができたのでしょうか？　おそらく、彼らはそれまでの学校生活で、「授業で話し合いをするときのお作法」を、実によく学んできたのでしょう。それは、互いの意見をよく聞き、グループとしての見解をより前進させるためのお作法ではなく、教室内で目立たず、居心地の悪い思いをしないで済む、「授業らしい」ふるまいだったのではないでしょうか。こうしたことを学んできた学生にとってはおそらく、たとえふだんは仲の良い友人どうしであっても、授業中に互いのレポートについて、ふだん通りの言葉遣いで積極的に話し合うことは、授業らしくなくて自分らしくない、居心地の悪いものだったのでしょう。

　私が体験した上記の事例は、彼らが学校で学んできた「学校らしさ」「授業らしさ」がいかに強固なものなのかを私に教えてくれましたが、新しいふるまいや「頭一つの背伸び」から私たちを遠ざけるアイデンティティはこうした、いわば生徒として培われてきたアイデンティティだけではありません。いったん築かれた強固なアイデンティティは、新しいふるまいにチャレンジしたり、「頭1つの背伸び」をすることを困難にするだけでなく、ある種の苦しさを生み出すことにもつながります。

　例えば、この本では何度か繰り返してきている話題ですが、「女性らしさ」や「女子力」という言葉は、そうでない生き方やふるまいをしようとする人を抑圧するために使われることがあります。みなさんは、友人や自分自身に「女子力ないなあ」などと言ってしまったことはありませんか？　あるいは「男らしくないよ」などと言ってしまったことはないでしょうか？　誰かが誰かを「日本人らしくない」といって攻撃しているところを見たことはありませんか？

　こうした「〇〇らしくない」という抑圧は、他人からなされるだけでなく、時には自分自身を追い詰めたりもします。先述した「ツレがうつになりまし

て。」のツレの例を思い出してみましょう。私たちが築き上げてきた「○○らしさ」というアイデンティティは、時に自分自身を縛り付ける鎖になってしまうのです。

■ アイデンティティをパフォーマンスしなおす方法

　では、このような自分らしさを縛り付ける鎖から抜け出すためにはどうすればいいのでしょうか？　伝統的なアイデンティティ概念では、この状態はアイデンティティが確立された、望ましいものとみなされます。しかし過度にアイデンティティが固定化され、「自分らしくない」「○○らしくない」ことを避け続けるやり方では、今の自分以外の自分には決してなれず、私たちの becoming（○○になる人）な側面が失われてしまいます。このままだと、私たちは自分らしいことの範囲内から出ることはできず、発達できなくなってしまうのです。

　既に述べた通り、質問者の質問にある「自分と向き合う」ことは、あくまでも「自分が好きになれるような自分になりたい」という、自分の未来に向かったものであるはずです。この質問のなかには実は、既に今の自分より「頭１つの背伸び」をして、今の自分とは違う自分になりたいという、発達に向かう思いが反映されているとも考えられるでしょう。

　ではそのためには、私たちはアイデンティティというものと、どのように向き合えばいいのでしょうか？　ここからは、パフォーマンス心理学に基づく、アイデンティティとの向き合い方を教えてくれる２つの実践を紹介していきたいと思います。

自分と向き合う、みんなで向き合う

■■ パフォーマンス心理学の実践 ■■

■■ パフォーマンス心理学の実践①:「警察×子ども対話大作戦」

　この章では、前章で解説したパフォーマンス心理学を基盤とした社会実践をいくつか紹介していきます。最初に紹介するのは、「警察×子ども対話大作戦(Operation Conversation: Cops and Kids)」という実践です。この実践はニューヨークで 2006 年から行われている実践で、読んで字の通り、警察官と子どもとの間の対話を目的として行われているものです。

　この実践について理解をするためには、まずニューヨークにおける警察官と若者との間の問題について語らなければなりません。ニューヨークに限らず、アメリカでは古くから様々な民族の人びとが生活しており、人種間の緊張関係が問題となっています。ニューヨークでは、白人の警察官による黒人やヒスパニック系のマイノリティの市民に対して人種差別にもとづく取り締まりが、たびたび問題となってきました。

　その１つが、2006 年に発生したショーン・ベル事件です。2006 年 11 月 25 日の早朝、23 歳の黒人青年ショーン・ベルは、結婚前に独身最後の夜を友達とバカ騒ぎして過ごす「バチェラー・パーティー」を楽しんでいました。数時間後に結婚式を控えたショーンは、クラブから友人たちと帰宅しようとして車に乗り込みましたが、そのクラブには、別の事件の容疑で複数人の私服警官が張り込み調査をしていました。この警官たちが、ショーンたちが拳銃をもっていると勘違いをし、一方的に 50 発もの銃弾を撃ち込んだのです。

　丸腰の黒人の若者が警官に一方的に殺害されたこの事件により、当時ニューヨークでは黒人による抗議のデモ活動が数多く行われました 。ニューヨークに住む多くの黒人が抗議の声を上げ、白人と黒人との間の緊張感が最大級に高まっていたこの時期、発達心理学者のフラニ (Fulani, L.) が、ニューヨークの

警官と有色人種の若者との対話のためにと考えたワークショップが、「警察×子ども対話大作戦」でした。

　ワークショップは、警官と様々な人種の若者が劇場の舞台の上で輪になって座り、自己紹介をすることから始まります。その後、ファシリテーターの指示のもと、警官と若者たちは一緒に「インプロ」と呼ばれる即興ゲームを行います。

　ここで「インプロ」について、ごく簡単にですが解説をしておきます。インプロとはもとをたどると、舞台上で演じられる演劇の一種なのですが、通常の演劇とは異なり、台本なしの状態で、お題や場面設定だけを簡単に決めておいて、あとは役者同士の即興的なやりとりでストーリーを進めていきます。

　枠組みだけを決めて即興的なやりとりで物語をつくっていくためには、いくつかのルールが必要となります。例えば１人の役者が「やー今日も暑いね」といった時に、「いや、別に暑くないけど？」と返すと、その場面は成り立たなくなってしまいます。「本当だね、35度だってさ」と返せば、そのシーンをさらに続けることができます。または、「日本は冬だったけど、南国はやっぱいいね！」と返せば、相手の提案した「夏」という場面設定にさらに「海外旅行」というシチュエーションを付け加えることができます。このように、相手のオファーを否定せずに受け取り、さらに自分もオファーをしていくことで場面を発展させていくことが、インプロのルールとなります。

　もともとは舞台芸術として発展したインプロですが、こうした即興でのやりとりが、人びとの即興性や創造性を育むことにつながるとして注目され、次第にさまざまな現場でインプロ教室やワークショップが開催されるようになりました。こうした教室では、演劇としての完成度を高めることではなく、即興的なやりとりを通して学びを得ることが目的となります。「警察×子ども対話大作戦」で行われるインプロも、演劇としての完成度を求めるものではなく、創造的に対話するためのゲームのようなものです。

　こうしたゲームを通して、警官と若者は、互いにふだんとは違うやり方でかかわりあいます。この時、警官も若者も、どのように互いに関わり合えばいいのか、その答えを知っているわけではありません。しかしインプロを通して関

わり合うことで、彼らは「やり方を知らないまま」関わり方を互いに作り上げることになります。この環境が、参加者全員が協力しながら「頭1つの背伸び」をする場となっているのです。

　ニューヨーク市警元長官のブラットン氏は、「警官と若者が一緒にパフォーマンスをする時、互いが互いを新しい視線で見ている。お互いの間の壁が低くなり、信頼感がでてくる」と述べ、このプログラムが「警官と子どもたちが、思っている以上に共通点があることを認識するために役立つ」としています（All Stars Project. inc HP より）。このような高い評価を受け、このプログラムは現在、ニューヨーク市警の研修プログラムの一環として組み込まれています。

　「警察×子ども対話大作戦」は、なぜこのような効果を生み出しているのでしょうか？　その理由の1つとして、このワークショップにおける参加者のアイデンティティとの関わり方が挙げられます。

　ディレクターであるフラニは、このワークショップは「十代の若者と警官に対して、彼らの普段通りの役割と反応から一歩外に出て、新しいやり方でのかかわり方を発見するチャンスを提供するもの」であると述べています（All Stars Project. inc HP より）。ショーン・ベル事件をきっかけに改めて浮き彫りになったニューヨークの人種間の問題は、白人や黒人、ヒスパニック系、アジア系といったニューヨークに生きる多様な人種の人びとそれぞれが、強固に人種的なルーツに関するアイデンティティをもっていることを表しています。アメリカという国の場合、その背景にはかつての植民地時代や奴隷制、公民権運動、そして現在に至る何百年もの歴史があり、そのアイデンティティはとても強いものであるといえるでしょう。こうしたアイデンティティによって、人びとは「黒人（白人）として白人（黒人）に接するということはこういうことだ」といったような、「〇〇人らしい」パフォーマンスに慣れてしまっています。

　しかし舞台上で、「インプロ」という、いつもとは違うゲームを協力して作り上げることは、こうしたいつもの「〇〇人らしい」パフォーマンスをくり返していては成立しません。このような、「普段通りの役割と反応」とは異なるパフォーマンスを、協力してやっていくということが、彼らにとって「頭1つの背伸び」をすることにつながり、この場が彼らの発達の場となっていくので

す。

■ パフォーマンス心理学の実践②：「YO！」

　2つ目に紹介するのは、「YO！」という実践です（Holzman, 2008 茂呂訳 2014）。「YO！」とは「Youth On stage！」（若者よ、舞台へ！）の略で、ニューヨークの若者を対象に行われている学校外の演劇プログラムです。

　ニューヨークというと、海外ドラマで描かれるような華やかで先進的な、セレブが住む街であるというイメージをもっている方も少なくないでしょう。しかしニューヨークにはそうしたセレブリティだけでなく、実は貧困層の人びとが集まって暮らす「インナーシティ（都市内集落）」と呼ばれる地域があり、貧富の差がとても激しい街でもあります。ホルツマンらはこのような特徴をもつニューヨークを中心に、学校外で若者たちの発達の場を創造するための「オールスター・プロジェクト」という実践を展開しており、ここで紹介する「YO！」や前出の「警察×子ども対話大作戦」は、この「オールスター・プロジェクト」の一環として実施されているプログラムです。

　2005年、「YO！」は、「わが都市（Our City）」という演劇を創作しました。「わが都市」は、ピューリッツァー賞を受賞したソーントン・ウィルダーの「わが町（Our Town）」という戯曲をもとに、舞台設定を2005年のニューヨークに置き換えて制作されました。

　演劇を制作したのは、出演者でもあった8人の若い学生でした。彼らはまずウィルダーの戯曲を読み、ブロードウェイで上映された芝居のビデオを見たうえで、芝居と自分たちの生活の様子について話し合いました。

　彼らが次にとった行動は、ニューヨークの街中や地下鉄の駅に行き、行きかう人びとを観察することでした。演出家は彼らに、「自分たちとは違う、年齢、性別、民族性や背格好の人びとを観察」（同上）するように言い、彼らはその観察結果を持ち帰り、演劇の材料としました。

　この経験をもとに、彼らはそれぞれ2人から4人の架空の人物像を作り上げました。そしてその人物像を用いて、例えば「白人警官とホームレスが朝早く

公園で出会う」「大学のキャンパスで中流階級の白人女性とアフリカ系アメリカ人の男性がぎこちない会話を交わす」というような、2人の人物が登場する場面を即興で演じました。ここでの即興劇が、キャラクター理解が浅いために掘り下げ不足だった場合は、その登場人物に似た人物を探し出して役者と会話をさせることで、その登場人物がどういう人物なのか、自分がどういう人物を演じようとしているのかについての理解を深める作業が行われました。こうして即興で演じられたシーンをもとに作られたのが、「わが都市」でした。

「わが都市」の公演は3週間行われ、チケットは完売だったといいます。しかし公演の成功以上に重要なのは、出演者である若者たちが演劇の制作と上演を通して見せた成長でした。終演後からほぼ半年後に行われたインタビューでの出演者の言葉は、彼らが舞台を通してどのように発達したかを教えてくれます。

最初に紹介するフランセリ（19歳、ドミニカ出身）は、アラブ系アメリカ人のアリと、都会ずれしたアフリカ系アメリカ人のエリカという人物を演じました。彼女の語りは、他者を演じることによる、自分とは異なる人びとの視点を想像し、理解することの重要性を指摘しています。

　　「（アリとエリカという）二人からたくさんのことを学びました。たくさんのものをくれました。たとえばアリ。電車に乗って、乗客を観察しながら、アリのように考えるんです。そういうことは前もやってたけれど、今回は深さが違います。なんでかって言うと、他の人、つまりアリとしてやるから。電車に乗って、観察して、知らない人に声をかけ、ニューヨークをアリの目で見るんです。アリが考えるように私も考え、彼の語り口で話すんです。」(Holzman, 2008 茂呂訳 2014)

このように、他者を演じることは、他者の視点を理解することにつながります。しかしそれだけではありません。演じることは、演じる「ことによる」何かがあるから重要なのではなく、何より演じること「そのもの」が重要な意味をもっています。次に紹介するシータ（17歳、バングラデシュ出身）の語りから

このことを考えてみましょう。シータは、ブルックリン出身の74歳のアフリカ系アメリカ人、スタテン島（自由の女神がある島です）出身の50歳くらいの太ったアイルランド系アメリカ人の高校教師、そして見合い結婚のためにブロンクスを訪れた10代のサウジアラビア人女性という、自分とはまったく異なる背景の人びとを演じました。

> 「太鼓腹や黒人のおばあちゃん、アラブの花嫁になるとき、シータでいるっていうことが邪魔になりました。シータであることは許されなくて、単純にそういうことなんです、演劇がすごいのは、こういうことを突破するってことです。もう、自分が誰かは問題じゃない。…人は変化するし予想するとおりじゃないから、予想で判断しないようにすること、これが私の学んだことです。…仮想の芝居の世界でも、人は発達するということに気づきました——そんなこと思っていなかったんですけど。……演劇のおかげで、演技やパフォーマンスのおかげで、今の自分になれたんです。すごくオープンになりました。自分が変わるって考えているかぎり、他の可能性をオープンにしておけます。……絶対、もっといろんなことができる。そういうことがわかったんです。」(Holzman, 2008 茂呂訳 2014)

シータの言葉からは、舞台で自分自身ではない誰かを演じることが、彼女にとって大きな発達の機会となっていたことが読み取れます。彼女は「自分は誰か」というアイデンティティを「突破する」ことの重要性を語っています。この語りからは、「自分が誰か」という「being」な自己理解を乗り越え、彼女が「人は変化するし予想するとおりではない」「他の可能性をオープンにしておけ」るという「becoming」な自己理解に至っていることが分かるでしょう。

この時重要なのが、自分自身ではないキャラクターを演じることで、他者の視点を理解するということが、この語りの中心ではないという点です。もちろん、他者を演じることにはそうした利点もあるのですが、ここでは演じる「ことによる」何かではなく、何より演じること「そのもの」が重要な意味をもっています。シータの言う通り、他者を演じるためには自分自身であり続けるだけではだめで、自分のアイデンティティから一歩外に出ることが要求されま

す。この体験がすなわち「頭１つの背伸び」となるのです。

　もう１つ重要なことは、こうした演劇や舞台が役者１人の力によって可能になるのではない、という点です。この点について、最後にマイケル（19歳、アフリカ系アメリカ人）の言葉を紹介しましょう。マイケルが演じたのは、白人警官ジャックと、若いアフリカ系アメリカ人のストリートミュージシャンのイサイアでした。

　　　「キャラを作るのは、絵を描くのと同じです。でも、一人でやるんじゃない、みんなで一種にやるんです。一つのチームとして一緒にやって、みんなで線を引き、それぞれ別のキャラなんだけど、全部の線と全員の心を一緒にするんです。」（Holzman, 2008 茂呂訳 2014）

　一つの舞台を作るということや、そこで誰かを演じるということは、それ自体が大きな共同作業になっています。特に「わが都市」の場合、街中での人びとの観察からキャラクターを作り上げる過程や、台本を作り上げる過程が、参加者全員の対話によって進行していました。こうした全ての過程が、参加者全員が協力しながら「頭１つの背伸び」をする機会となっていたのでしょう。

舞台じゃなくても
パフォーマンスできる

■■ 学校とパフォーマンス ■■

■■ パフォーマンスの場としての学校

　「警察×子ども対話大作戦」と「YO！」という２つの実践は、いずれもインプロや舞台といった演劇的な手法を用いたものでした。もちろん、演劇をすることが即ち発達につながるのかというと、そんなに単純なものでもないのですが、これらの例から、舞台や演劇が、自らの固定的なアイデンティティを超えてパフォーマンスし、発達できる環境を作り出すために、重要な役割を果たすということが分かってきました。

　では、舞台や演劇という手法を用いなくては、パフォーマンスすることや発達することはできないのでしょうか？　そうではありません。パフォーマンスと発達のチャンスは、私たちの生活のいたるところに転がっています。

　例えば、学校の授業はどうでしょう？　みなさんのなかにはもしかしたら、ここまでパフォーマンス心理学について学んできたうえで、学校はパフォーマンスからは程遠い場所だ、と感じている人もいるかもしれません。たしかに、伝統的な学校教育の一般的なイメージは、「中学生らしさ」や「高校生らしさ」、「授業らしさ」を私たちに押し付ける、発達とは真逆の場所だというイメージかもしれません。しかし学校や授業という場は、本来の目的が達成されていれば、同級生や上級生・下級生、大人たちと協力しながら様々なことに挑戦できる、発達の絶好の機会となり得るのです。

■■ 英語科の場合：「行間を読む」活動

　例えば今井（2019）が紹介している、中学校の英語教科書における「行間を読む」活動は、そうした発達の機会となり得る課題の１つです。従来の英語教

科書では、まだ習っていない単語や文法を使ってはいけないという制限上、どうしても言葉足らずになり、やりとりが自然ではなくなってしまうことがあります。これを逆手にとり、「行間を読む」活動では、与えられた会話文に対して、発話者や聞き手の「心の声」を推測して書き込むという活動を行います。

下に引用したのは、三省堂 English Series からの例です（日本語訳は筆者）。

A: This is Mike. Is Mari in?　　（誰がでるかどきどきする）
　　もしもし、マイクです。マリはいますか？
B: She's not home yet.　　（マイク？　誰だろう？）
　　マリならまだ帰ってませんよ。
A: I see. Will you give her a message?　　（伝言して早々に切り上げたい）
　　そうですか。マリに伝言をお願いしてもいいですか？

このように、生徒1人1人がA・B双方の心の声を想像して書き込みを行います。これによって、従来の英語授業ではあまり扱われなかった「発話の意図」を各々が想像・解釈をします。

さらに、この作業を行ってから、ペアになってA・Bそれぞれの役を演じるロールプレイを行うと、相手が演じる登場人物の感情表現が、自分が想像したものとズレてくることがあります。今井は次のように述べます。

「たとえば、この会話場面であれば、上記の「心の声」を想像した生徒とは違う、別の生徒がBを演じていて、"She's not home yet." というだけではぶっきらぼうすぎると感じ、もう少し思いやりのある声かけをしようと思い、B: "She's not home yet. I'm sorry." と一言付け加えて表現したりする。それを聞いた上記の心の声の生徒は、早々に切り上げたいと思っていたのに、優しい一言にほっとして "Will you give her a message, please?" と、少し丁寧にplease を加えて返答する。このように、「自分だったらどう思うか」を考えて会話に臨むと、相手の返答に応じてさらに自分の応答を変えることができ、相互に補完しあう即興的な関係性が生まれることにもなる」。

この課題による学習は、従来の英語の授業のような「単なる機械的模倣によ

る練習で得られる感覚とはまったく異なる学習上の意義をもつ」と今井は指摘します。この課題では、自分以外の人の経験を「自分だったらどう思うか」と考え、パフォーマンスすることが求められます。さらに、その後のロールプレイでは、自分とは異なる解釈によって生じる予想外の返答に対しても、それを前向きに解釈して自分たちの会話をさらに発展させていくという創造的な相互行為が行われます。こうした感情を伴ったやりとりの過程が、ロールプレイを行う双方の生徒が「英語話者」として、今の自分よりも「頭1つの背伸び」をしたパフォーマンスをし、お互いが協力しながら発達できる場となっているのです。

　この事例からは、「行間を読む」という活動が、感情を伴ったやりとりを誘発するとても優れた課題であったのだと考えることができます。しかし、今井の考察を読むと、単に優れた課題が用意されるだけではこのような発達の機会は生じないということも分かります。この課題で上記のような発達的なやりとりが生まれるには、例えば生徒が与えられた英文に感情を伴った一言を付け加えたり、あるいは先生がそのような変化を有意義なものとして認めたりといったことが必要です。そうしたことがないと、同じ課題を扱った授業でも、とても退屈な授業になってしまうでしょう。

■ 「遊ぶ」ことの重要性

　では、学校や授業という場を発達の機会にしていくためには、一体どのようなことが必要なのでしょうか？　もちろん一言では言い尽くせないのですが、そのために必要なことの1つに「遊び」があります。上記の例でいえば、事前に示された英文だけを読んで終わるのではなく、その登場人物の気持ちになりきって考えてみるという活動は、ユーモアや意外性に満ちた「遊び」に満ちた活動であるといえるでしょう。また、与えられた英文に自由に言葉をつけ加えるという行為もとても遊び的です。そうした即興的な行為を認め、勧めるような教師の働きかけも、生徒の遊びを誘うものであると同時に、教師自身も遊びの姿勢になっていないとできない働きかけであるといえます。

ZPD理論（第12章p.136参照）のなかでヴィゴツキーは、遊びには発達を生み出す力があることを指摘していました。「遊びでは、子どもは平均年齢、子どもの日常可能な行為を超える。遊びのなかでは、子どもは頭一つ分抜け出したもののように行為する」（Vygotsky, 1978）と述べていることからも、ヴィゴツキーの発達理論において遊びがいかに重要な意味をもっていたのかが分かります。

　遊びは、ここまで述べてきた発達の実践の全てに関わっています。ニューヨークの警官と若者との舞台上でのやりとり、若者による演劇の上演、学校の英語授業での自由なやりとり、その全てが遊びの精神なしでは成り立たないものです。いずれの実践でも、既に定められている（ように思われる）ふるまいだけを繰り返すのでは、発達的なやりとりは生まれません。そうではなく、感情を伴ったやりとりやユーモア、そこから生まれる意外性を恐れずに、その場の参加者みんなが協力しながら「遊ぶ」ことが何よりも重要です。そしてその時には、人びとは自分自身が「遊ぶ」と同時に、相手が怖がったり固くなってしまったりすることのないよう、お互いの「遊び」を引き出すようなやりとりをします。こうした、互いが協力しながら「遊び」を創造する姿勢がとても重要であるといえるでしょう。

回答2：自分と向き合うことと、発達すること

　本章の前半では、「アイデンティティの確立」という伝統的なアイデンティティ概念が、私たちの発達につながらないものであるということを指摘しました。なぜなら、いったん築かれた強固なアイデンティティは、新しいふるまいにチャレンジしたり、「頭一つの背伸び」をすることを困難にするだけでなく、ある種の苦しさを生み出すことにもつながるからです。

　その後、本章ではパフォーマンス心理学に基づく2つの実践と、パフォーマンス心理学による授業研究を紹介しながら、固定的なアイデンティティを超えた発達がいかに可能になるのかについて考えてきました。その結果、ここで紹介した事例にはいくつかの共通点がみえてきました。

　1つ目の共通点は、「頭一つの背伸び」です。いずれの事例においても、参

加者はその場で既に定められている（ように思われる）自らの役割や「○○らしさ」を再生産するのではなく、それを超えた、今までの自分やその場の経過とは少し異なるふるまいをしていました。そしてそれをするためには、そもそも自分自身のアイデンティティの基盤となり、そして場合によっては自分自身を縛っている「○○らしさ」とは一体何なのか、それがどのように社会的に作り上げられたものなのかを理解することが重要であるといえます。

　第2の共通点は、上記のような背伸びしたパフォーマンスが、常に誰かとの協力関係のもとで成立し、進行していたということです。協力の相手は、自分とはまったく違う生い立ちの警官だったり、舞台上で一緒に演じる役者仲間だったり、同級生や先生だったりと様々でしたが、いずれの実践も、誰かとの協力関係がないと成立しないものでした。また、英語授業の事例において、与えられた台本のなかの登場人物になりきってその気持ちを考えるという活動も、見方によってはその登場人物との協力関係が進行しているといえます。そうした多様な相手との協力のもとで、今の自分を少し超えるようなチャレンジが可能になっていたといえるでしょう。

　そして第3の共通点が「遊び」です。「頭一つの背伸び」「協力」「遊び」の3つは、全ての実践において切り離せない形で進行していました。背伸びというチャレンジングなふるまいをするためには、他者との協力や遊び性が必要不可欠です。また遊びを維持するためには、相手が怖がったり固くなってしまったりすることのないよう、他者と協力することが必要ですし、こうした協力の過程自体が「頭一つの背伸び」にもなります。このように、3つの要素が不可分な形で進行するような環境が、発達的なパフォーマンスにつながるのだといえるでしょう。

　以上を踏まえて、第5部の質問への回答を改めて考えてみましょう。

　　「私は、負けることに慣れ、今の現実から目を背ける自分が嫌いです。自分の将来のためにも、自分の今までをきちんと振り返って、自分を見つめ直し、自分が好きになれるような自分になりたいと思っています。そこで質問です。自分の現実をきちんと見つめ直す、自分と向き合うというのは、具体的にどうい

うことなのでしょうか？」

　パフォーマンス心理学では、自分というものの捉え方にある特徴がありました。それは、人は「being」（○○<u>である</u>人）な存在であると同時に「becoming」（○○<u>になる</u>人）な存在でもあるという考え方です。この観点から考えると、あなたのいう「自分の今まで」とは、「私はこういう人間だ」というようなあなたの being な本質であるだけでなく、「私はこういうパフォーマンスをしているのだ」という becoming な側面もある、ということになります。

　ここでもう１つ注目したいのが、「負けることに慣れ」という部分です。勝ち負けというのは、ある種のゲームのように、ルールを共有する場で初めて成立するものであり、質問者はそのなかで自分自身がずっと負け続けてきたのだ、ととらえているようです。そのゲームが何なのかはこの質問からでは分かりませんが、このゲームのなかでのあなたのこれまでのふるまいが、あなたの becoming な側面としての「自分の今まで」と関連していると考えることができます。つまり、あなたの becoming な側面としての「自分の今まで」とは、「このゲームのプレイヤーになる」というパフォーマンスだったのではないか、ということです。

　このように考えると、自分の現実をきちんと見つめ直す、自分と向き合うためには、まずこのゲームが一体なんだったのか、そしてそれが一体どのように社会的に作り上げられているのかを注視することが重要です。少し前に、教室という秩序がいかに保たれているのかという話をしましたが（p.139参照）、これもゲームの一種です。こうした観点から、まずあなたのいう「負けることに慣れ」た自分が、一体なんのゲームに負けてきたのか、そのゲームは一体どのように作り上げられてきたものなのかを考えることが肝要だと私は思います。

　ここまでは、第５部の前半で述べた第１の回答、「自分を構成する様々な『○○らしさ』が、この社会のなかでどのように作り上げられたものなのかにも目を向ける」という回答を、パフォーマンス心理学の観点から改めて述べたものになります。そのうえでさらに、提案をしていきます。

　「自分が好きになれるような自分になりたい」と質問者は言います。新しい

自分になりたい、今の自分とは違う自分になりたいというのは、今の固定的なアイデンティティを乗り越えたいという、まさに発達への願いだと私は解釈しました。

　第5部の後半では、そのような固定的なアイデンティティを乗り越え、発達することを目指したいくつかの社会的実践を紹介してきました。これらの実践では、演劇や舞台、インプロといった装置を使いながら、今の自分とは異なる存在をパフォーマンスすることで、参加者の発達を生んでいました。さらにその後紹介した学校教育の事例からは、演劇や舞台といった場でなくても、様々な場が発達の場になり得るということが分かってきました。

　そして、以上の事例から、第14章では発達を可能にするための3つの要素を指摘しました。その3つの要素が、「頭一つの背伸び」「協力」そして「遊び」です。この3つの要素を実現することとは、一体どのようなことになるのでしょうか？　様々な場面で様々な例が考えられますが、質問者は大学生で、そして私は大学教員なので、やはりここは「大学」という場を想定して考えてみたいと思います。

　まず、大学という場は、それぞれの学生がある特定の領域の専門家になる場所です。経済学かもしれないし、法学かもしれないし、教育学、心理学かもしれません。領域は様々ですが、学生は様々な授業を通して、その領域の専門知識を学びます。しかしこの時、最も重要なのは「いかに知識をためこんだか」ということではなく、「自分が〇〇学の専門家としてどのようにパフォーマンスできるか」ということです。

　このことは、5章で紹介した状況的学習論を思い出してもらえれば、より分かりやすくなるのではないでしょうか。状況的学習論とは学習を、知識や技術の獲得ではなく、コミュニティへの参加として捉える考え方でした。ここでいう「〇〇学の専門家としてのパフォーマンス」は、「〇〇学のコミュニティへの参加」につながるものです。大学という場で、単なる一学生ではなく、「〇〇学の専門家」としてパフォーマンスし、そのコミュニティの立派な一員になっていくこと。それが、大学での「頭一つの背伸び」であるといえるでしょう。

また、大学生としてのパフォーマンスは、授業や大学のなかだけに閉じられたものではありません。なぜなら、大学で学ぶあらゆる学問は、大学のなかのことではなく、外のこと、社会の問題に取り組むための学問であるからです。つまり上で述べた「〇〇学の専門家としてのパフォーマンス」は、授業などの正課内の活動だけではなく、学外での様々な活動にもかかわるものです。さまざまな領域の専門家として、社会の問題に目を向けて考えてみたり、実際に行動を起こして行動することも、「〇〇学の専門家としてのパフォーマンス」であるといえるでしょう。一例として、大学生が中心となり、社会的・政治的な問題提起をする団体が注目を集めています。例えば、若者が政治や社会に関心をもてるような社会を目指す活動を行う「ivote」や、様々な「就活セクハラ」の撲滅を目指す「SAY（Safe Campus Youth Network）」などがあります。こうした活動は、大学の教育プログラムの枠外で行われているものですが、これも大学生としての立派なパフォーマンスだといえます。

　次に、「協力」です。上に挙げたような様々な「頭一つの背伸び」は、当然、1人では成立しません。同級生や上級生、下級生、大学の教員や職員など、様々な人との協力によって、大学生のパフォーマンスは可能になります。

　そしてこの協力は、あなたが一方的に支援をうけるという類のものではなく、相手にとっても重要な発達の機会となっています。例えば大学教員の場合ですが、授業場面で教員はありのままの自分でいるわけではありません。授業中、教員は精一杯、教員らしさをパフォーマンスし、教員らしくあろうとしているのです。こうした互いのパフォーマンスを、互いに支えあい、発展させていくことができれば、お互いが今の自分を少しずつ超え、発達していくことが可能になるでしょう。

　最後に、「遊び」です。様々な状況を「遊ぶ」ことを忘れないことがとても重要です。様々な状況を「遊ぶ」ということには、例えばその状況を「楽しむ」ということも含まれますが、それだけではありません。私もかつて学生だったので、大学には面白さを感じられない授業もたくさんあるということは身に染みて分かっています。

　しかしそのような「楽しむ」ことが困難な場合でも、それを「遊ぶ」ことは

できます。「遊ぶ」ということには、その状況を「楽しむ」ということだけではなく、その状況から少し距離をおいてみるとか、その状況を変えていくような働きかけをする、ということも含まれるからです。

　例えば教員に質問をしてみるというのは、そうした「遊び」のきっかけになり得るでしょう。教員が想定していないような質問が学生から出てくるようになれば、おそらく授業の雰囲気も少しは変わるでしょう。「なかなか質問をできる雰囲気ではない」というような授業でも、周囲の学生との協力があれば、少しはハードルが下がるのではないでしょうか。あるいは、授業の目的から離れたところで、自分なりの目標を定めてみるのもいいかもしれません。人間観察が趣味という人であれば、授業というのは教員や一緒に受講している学生を観察する絶好の機会でしょう。

　以上が私の回答になります。せっかく大学で出会ったのだから、一緒に協力しながら背伸びして、大学を遊んでいこうよ、という答えです。そうすれば、あなたも、私も、周りの人たちも一緒に発達していけるのではないでしょうか。

［引用・参考文献］

All Stars Project. Inc HP "Operation Conversation: Cops & Kids" https://allstars.org/programs/copsandkids/

Atkinson, R. L., Atkinson, R. C., Smith, E. E., Bem, D. J., & Nolen-Hoeksema, S. (2000). Hilgard's Introduction to Psychology, Thirteenth Edition（アトキンソン, R. L. 他内田一成（監訳）(2002). ヒルガードの心理学 13版 ブレーン出版)

福田佳織（編）(2020). 笑って子育て 改訂版 北樹出版

Holzman, L. (2008). *Vygotsky at work and play.*（ホルツマン, L. 茂呂雄二（訳）(2014) 遊ぶヴィゴツキー——生成の心理学へ—— 新曜社)

細川貂々 (2006). ツレがうつになりまして。 幻冬舎

今井裕之 (2019). 英語の学びとパフォーマンス心理学 香川秀太・有元典文・茂呂雄二（編）パフォーマンス心理学入門 (pp.161-172) 新曜社

小暮修三 (2008). アメリカ雑誌に映る〈日本人〉——オリエンタリズムへのメディア論的接近—— 青弓社

子安増生 (1999). 三つの山課題 中島義明・安藤清志・子安増生・坂野雄二・繁枡算男・立花政夫・箱田裕司（編）心理学辞典 (pp.820-821) 有斐閣

Money, J. & Tucker, P.（1975）. *Sexual Signature: on Being a Man or Woman Little.*（マネー，J.・タッカー, P. 朝山新一（訳） 性の署名 人文書院）

Said, E.W.（1978）. Orientalism（板垣雄三・杉田英明（監修） 今沢紀子（訳）（1993）. オリエンタリズム上・下 平凡社）

ヴィゴツキー 土井捷三・神谷栄司（訳）(2003). 「発達の最近接領域」の理論——教授・学習過程における子どもの発達 三学出版

Vygotsky, L. S.（1978）. *Mind in Society.* Cambridge, MA: Harvard University Press.

あ と が き

　2018 年から帝京大学で担当している「心理学Ⅰ」「心理学Ⅱ」の授業は私に、「教養教育で心理学を学ぶ意義とはなにか」を考えるきっかけをあたえてくれました。この問いに対して私が出した答えが、いつのまにか私たちの生活や言語の一部となっている心理学、もっというと「科学的」な人間理解を目指す心理学を脱構築するというやり方でした。このやり方を、私はまず、学生の素朴な質問に対して回答を示す、授業内のミニコーナーとして試し始めました。このコーナーが、「学生からの質問に回答するだけでなく、その質問の前提となっている『心理学的』な考え方を見直してみる」という、本書の第一のアイデアの基盤となりました。

　このコーナーを続けるにしたがって、学生のみなさんからはどんどん刺激的な質問がでてくるようになってきました。そうした刺激的な質問によって感じた興奮を家に持ち帰り、夕飯の食卓で妻の美佳里と話しているうちに、「文化心理学の考え方がなぜ必要なのかを、心理学史、そして批判心理学的な観点から解説する」という本書の第二のアイデアがまとまり始めました。その意味で、私はこの本を、何百名もの学生と向き合う広大な講義室と、妻と向き合う小さな食卓を行き来するなかで生まれた本だと感じています。

　そして、この本の企画書を作り始めてしばらくした時、妻のおなかに新たな命が宿ったことが分かりました。この本に、女性差別に対する批判やフェミニズムの話題が繰り返し登場したのは、一人の女の子の父親として、改めて世のなかを見渡した時の私の変化が反映されているのでしょう。娘・俐鋭はこうして、私に大きな発達の機会をもたらしてくれました。この本によって、妻と娘、そしてこの本を手に取ってくれた全ての読者が作っていくこれからの世界が、少しでも良い世の中になってくれることを願います。

　最後に、北樹出版の福田千晶さんは、私が突然送り付けた企画書を評価してくださるだけでなく、前向きで創造的なアイデアをたくさんくださいました。この場を借りて厚く御礼申し上げます。

　　2020 年 8 月 19 日、俐鋭のはじめての誕生日の前日　　　　新原　将義

159

事 項 索 引

人名索引

著者紹介

新原　将義

1986 年、大阪生まれ。中学・高校
の 6 年間は愛媛県松山市で過ごし、
中 3 で始めたギターと高 1 で出会っ
たサクラ大戦に青春の大半を費や
す。筑波大学大学院人間総合科学研
究科心理学専攻修了。博士（心理
学）。徳島大学総合教育センター特
任助教、同センター助教、帝京大学
高等教育開発センター助教を経て、
2020 年 4 月より同センター講師。
趣味はバンド活動と料理。好きなギ
タリストはジョニー・ウィンターと
横山健。得意料理は餃子と唐揚げ。

（イラスト：稲見圭将）

「脱・心理学」入門——10 代からの文化心理学

2021 年 4 月 15 日　初版第 1 刷発行

著　者　新原　将義

発行者　木村　慎也

印刷・製本　モリモト印刷

発行所　株式会社　北樹出版

〒 153-0061　東京都目黒区中目黒 1-2-6
URL：http://www.hokuju.jp

電話 03-3715-1525　FAX03-5720-1488

ISBN978-4-7793-0662-4
（落丁・乱丁の場合はお取り替え致します）